追族史作鏡鑒

紀宗功啟后昆

浙江溫州鄭躍濤二〇一九年（歲次己亥）夏題

淵源華州龍翔鳳翥
脈派環球矣世永昌

浙江杭州鄭為躍二〇一九年(歲次己亥)夏題

弘扬祖德
辉煌宗功

上海郑荣德二〇一九年农历己亥夏题

瞻華山宗功崇翠
臨渭水祖德流芬

广西北流 郑宏辉 二〇一九年（岁次己亥）夏题

開國澤社稷

塑譽滿乾坤

鄭煥明

二〇一九年七月十晋於北京

开郑始祖郑桓公

郑桓公陵园文化研究会 编

主编 赵建文 郑全欣

西北大学出版社

本书编委会

顾　问	郑世进	郑胜涛	郑为理	
	郑　琦	郑荣德	郑宏辉	
主　任	郑庆模			
副主任	郑伟新	郑　康	郑少林	
委　员	郑焕明	郑文焕	郑耀宗	郑瑞琪
	郑国良	郑小强	姬德武	郑广全
	袁埔良	郑向锋	郑　峰	
主　编	赵建文	郑全欣		
编　辑	刘亦农	蒋文正	张龙生	
审　稿	闫　涛	闫广勤		
校　对	王　姣			

序一

《开郑始祖郑桓公》一书,经过主编赵建文、郑全欣和编纂委员会全体同仁的共同努力,业已成书。该书以春秋左丘明《国语·郑语》、战国魏河南汲县出土之《竹书纪年》、中国最早的诗歌总集《诗经》、西汉司马迁《史记》、唐司马贞《史记索引》、《新唐书·宰相世系表》、清顾祖禹《读史方舆纪要》等历史文献和有关专家学者专著为依据,取材精当,涉猎广泛,布局巧妙,语言洗练,全面客观地反映了西周晚期政治家郑桓公的生平功绩、思想文化、历史贡献及其相关内容,集历史性、学术性、知识性、趣味性于一体,是一本不可多得的"郑氏小百科"参考书籍。

《开郑始祖郑桓公》一书开宗明义,介绍了郑氏族源世系,天下郑氏源于华州。第一代始祖郑桓公,乃西周王室之贵胄,周文王第十一代孙、周宣王之弟,是西周晚期重要的历史人物,也是政治家、谋略家。郑桓公未雨绸缪,寄孥虢郐,为郑国安身立命而奔走,延周祚于洛邑。其治国理政、爱国爱民和"忠、仁、智、勇"的人文精神泽被后世,流芳千古!

《易·贲卦》云:"观乎人文,以化成天下。"唐李世民曰:"以铜为镜,可以正衣冠;以古为镜,可以知兴替;以人为镜,可以明得失。"(《旧唐书·魏徵传》)《开郑始祖郑桓公》一书,教化意义大矣!它将再现西周晚期的战火硝烟;它将再现桓公爱国的赤胆忠心;它将感召世人厚德载物,慎终追远;它将激励郑氏子孙揆文奋武,勇往直前,阐扬宗功祖德,进而为郑氏家族的兴旺发达、繁荣昌盛,为中华民族的伟大复兴,做出桓公子孙应有的贡献!

是以为序!

广东潮阳郑世进
2019年5月26日

序二

《开郑始祖郑桓公》一书，共分为郑桓公生平事略、郑桓公思想文化及历史影响、郑桓公墓及陵园、郑国东迁和古郑国的演变发展等五个章节，还附录了华县闫广勤先生的《深谋远虑的政治家郑桓公》、闫涛先生的《郑桓公陵园碑记》、中国·华县郑桓公陵园修缮管理委员会《世界郑氏华县宣言》（河南固始郑文焕撰文）。该书布局合理，文字简约，深入浅出，堪为一部郑桓公开郑史暨郑氏史的普及读本。

书中将2004年9月河南新密郑氏会议倡修桓公墓，到2018年4月历时10多年的桓公陵园修缮工作，列入篇目并加以阐述，无疑对于激励桓公后裔崇祖报德、崇祖报国，是有积极影响的，是一件十分有意义的事情。

由于天灾人祸，历史上的桓公陵园几经兴废。但不管罹难几多，2 800多年后的今天，郑桓公墓还在，可谓幸甚！2008年启动修缮，2009年正式成立"中国·华县郑桓公陵园修缮管理委员会"，在华州区人民政府及各界人士关心支持下，经过阖族郑氏的共同努力，至2018年初，桓公陵园完备成型。桓公陵园为华州区增添了一处亮丽的人文景点，也为郑氏家族修缮了一方祭祖圣地和精神家园。郑氏家族会脚踏实地地实践着中国人民大学副校长、国家一级教授、社会学家郑杭生先生浓缩总结出的"爱国、忠孝、包容、诚信"的郑氏精神，实践着"富强民主文明和谐，自由平等公正法治，爱国敬业诚信友善"的社会主义核心价值观，为家为国，争取新的更大的光荣！

聊赘数语，且以为序。

福建莆田郑庆模
2019年5月28日

目 录

第一章 郑桓公生平事略

第一节　族源世系 /2
　　一、家庭身世 /2
　　二、姬周源流 /3
第二节　所处时代 /8
　　一、周厉王时期 /9
　　二、周宣王时期 /11
　　三、周幽王时期 /15
第三节　王子少年 /18
第四节　抗击猃狁 /20
第五节　立国开郑 /22
第六节　任职司徒 /28
第七节　寄孥东土 /31
第八节　殉国骊山 /33

第二章 郑桓公思想文化及历史影响

第一节　治国理政思想 /38
　　一、敬天保民观 /39
　　二、忠周护宗观 /40
　　三、以"和"为核心的理政观 /41
　　四、贵老尚贤观 /42
　　五、重商富国观 /43
第二节　文化精神核心 /43
　　一、护周殉难——忠 /43
　　二、缁衣遗爱——仁 /44
　　三、寄孥虢郐——智 /44

　　四、和集周民——和 /45
　　五、与商盟誓——信 /45
第三节　历史影响 /46
　　一、西周晚期的政治家 /46
　　二、郑国的缔造者和东迁的奠基人 /47
　　三、中华郑氏的开姓祖 /49
　　四、华州历史上行政区域的开拓者 /51

第三章　郑桓公墓及陵园

第一节　郑桓公墓 /54
　　一、葬身故国 /54
　　二、墓冢形制及"风水之说" /54
　　三、桓公墓的千年沧桑 /57
第二节　郑桓公陵园 /60
　　一、陵园建设始末 /60
　　二、陵园新貌 /67
　　三、陵园文化 /69
　　四、重要祭祖活动 /73

第四章　郑国东迁和古郑国的演变发展

第一节　郑国东迁 /78
　　一、建立新郑国 /78
　　二、庄公称霸 /79
　　三、"四公子"内讧 /82
　　四、夹缝中求生存 /83
　　五、子产中兴 /86
　　六、郑为韩灭 /87

七、郑国之后 /88
第二节 郑人南奔 /89
第三节 古郑国的演变和发展 /90
　一、历史沿革 /90
　二、历史事件 /92
　三、历史名人 /99
　四、当代华州 /103

第五章　中华郑氏

第一节 郑氏源流 /111
　一、郑氏的起源 /111
　二、郑氏的上溯 /113
　三、郑国公室世系 /113
　四、郑国之后的郑氏脉派 /115
　五、帝王赐姓 /116
　六、少数民族郑氏 /116
　七、郑氏衍生出的姓氏 /118
第二节 郑氏的迁徙发展 /118
第三节 郑姓的分布 /123
　一、华北、东北地区 /123
　二、华东地区 /124
　三、中南地区 /126
　四、西北、西南地区 /127
　五、港澳台地区 /128
　六、海外郑姓分布 /128
第四节 郑氏历史名人 /129

附录

深谋远虑的政治家郑桓公 /140

郑桓公陵园碑记 /142

世界郑氏华县宣言 /144

全国各省市自治区郑姓人口状况（2013年） /146

参考文献 /147

后记 /148

开郑始祖郑桓公

第一章

郑桓公生平事略

开郑始祖郑桓公

西周晚期的政治家郑桓公，出身王室贵族，少年接受西周思想文化教育，诵文习射，德才俱佳；成年后，率军抗击外族入侵，因功受封于郑，始建郑国，治国有方，百姓爱之；晚年时，任职王室司徒，"和集周民，周民皆说"（《史记·郑世家》），最后阵亡于与犬戎的作战中，为国捐躯。他一生忠周爱民，尚贤重才，勤政务实，重视工商，时人作《缁衣》①以颂，后世称誉"周宗忠贤"②。

第一节　族源世系

一、家庭身世

郑桓公，姬姓，名友，又称多友、桓友、多父。生年史无记载，亡于公元前771年。郑桓公生年虽无可稽考，但根据一些资料，可做大概推断。杨东晨在《周兴亡史》一书中说："国人暴动时，桓公友不在镐京"③，"厉王庶子安然无恙，亦可知是由大臣保护的"。国人暴动发生在公元前841年，厉王庶子即指郑桓公，由此可以认为，此时郑桓公已经出生。再说，郑桓公是周厉王少子，国人暴动时，周厉王仓皇出逃，流亡于彘（今山西省霍州市一带），失去王的地

郑桓公

位，且在流亡的14年中，直至死亡，从未返回西周镐京复得王位，假若郑桓公出生于周厉王流亡期间，其王子身份，在宗法制严格的西周社会，是无法得到王室承认的。因此，笔者断定，郑桓公最晚生于公元前841年，亡于公元前771年，终年当在70岁及以上。

郑桓公出身周王室贵族，是周文王第11代孙，周厉王少子，周宣王之弟。④周宣王二十二年（前806），他被封于郑（今陕西省渭南市华州区），始建郑国，为郑国

---

① 《诗经·郑风》中的"缁衣"一诗，后世学者认为是周人为赞美郑桓公、郑武公父子任司徒，善于其职而作。
② 明代郑桓公墓园石牌坊门额上曾镌刻"周宗忠贤"四字，以彰显郑桓公功德。
③ 镐京是西周王朝都城，为周武王灭商前所建，在今陕西省西安市长安区。
④ 《史记·郑世家》载，郑桓公为周宣王庶弟，但《史记·十二诸侯年表》又称郑桓公为周宣王母弟。历史学家持两说者皆有。

第一章 郑桓公生平事略

第一代国君，后任王室司徒，封伯爵①，亡后谥②"桓"，人称"郑桓公"，并被后世郑氏族人尊为开姓始祖。

郑桓公的家庭成员中，除父、兄外，其母、妻的姓名和身世皆不详。子掘突，后为郑武公，是郑国第二代国君，娶申侯之女为夫人，史称武姜。其孙寤生，后为郑庄公，郑国第三代国君；其孙叔段，又称共叔段，后为中华段氏、京氏、共氏的祖先。庄公之后郑国的历代国君，皆为郑桓公的血脉后裔。

二、姬周源流

郑桓公的家族为姬姓周族。周族是4 000多年前活跃于今陕西关中西部一带的一个古老氏族部落，其始祖名弃，也称后稷。远古时期，人类还处在蒙昧状态，认识水平不高，把自然界各种变化包括人类生育繁衍等，都看作是上天的旨意，各氏族部落在叙说本族族源史时，自然会带有一些神话色彩，世界各民族远古史的开篇皆是如此。中国古代夏族的祖先是黄帝，《舆地志》说：黄帝的母亲名附宝，在野外看到天上闪电

黄帝

绕北斗，感而怀孕，24个月后生下黄帝。商族的祖先名契，《史记·殷本纪》称：契的母亲名简狄，为帝喾次妃。简狄沐浴时，见玄鸟坠其卵，取而吞之，因孕生契。周族也有一个"姜嫄生后稷"的神话传说，并被记载在《诗经·大雅·生民》一诗中。据诗中所言，周族始祖弃的母亲姜嫄，当初按照古老礼仪，祈祷天帝，以求解除自己不育的灾难。后在野外行走，踏到天帝的足印，有感而孕，怀胎满月，顺利分娩，生下一子。姜嫄认为不祥，就把儿子丢弃在巷道中，但路过巷道的牛羊竟然来保护孩子，并用乳汁喂养他；后又将其丢到树林中，孩子又受到伐木人的照料；第三次再将孩子丢到河中冰面上，却引来无数飞鸟用翅膀遮盖孩子，为其驱寒，鸟飞走后，孩子就哇哇大哭，声音洪亮，传到很远的地方。姜嫄无奈，只好将儿子抱回家自己抚养。由于多次丢弃孩子，就叫孩子为"弃"。弃很聪明，会爬时就有智慧，能自己找东西吃，玩耍时好以种植和养殖为游戏，长大后对种植谷蔬

---

① 爵是古代君主国家对贵族等级的封号。西周时期贵族的爵位分为公、侯、伯、子、男五等，伯为第三等。郑桓公的"公"，不是爵位，而是死后人们对他的尊称。

② 谥是君主时代，帝王、贵族、大臣死亡后，朝廷依其生前事迹所赐予的称号。

开郑始祖郑桓公

很有经验,自己种植的大豆、麻麦和各种瓜果都能获得丰收。他擅于耕作,教人稼穑,并把获得的果实祭祀上帝,祈求来年再丰收。由于农事本领很高,后人尊称他为"稷神"(百谷之神)。此诗所言虽为神话传说,但也反映了远古时期母系氏族社会向父系氏族社会转化过程中,人们只知有母、不知有父的人类进化现象。在文字尚未产生的时代,周人创造了这样一个上帝神灵感生的神话故事,述说周族人起源于上帝和姜嫄所生的弃,以增强部族的自豪感,并世世代代口口相传,至西周时演变成诗歌,教化人们"尊祖""敬天"。总之,远古时期的传说,虽然带有神话色彩,但包含着许多史实,不可全盘否定。

关于周族的起源,文献记载较多。《史记·周本纪》曰:"周后稷,名弃。其母有邰氏,曰姜原。姜原为帝喾元妃。"姜原亦作"姜嫄"。《说文》曰:"邰,炎帝之后,姜姓,封邰,周弃外家。"《中国通史》也说:"相传帝喾高辛氏,居西亳,娶四妻,生四子。姜嫄生弃(周的祖先),简狄生契(商的祖先),庆都生尧,常仪生挚。"文献记载说明,姜嫄属炎帝部族有邰氏女,姜姓,是帝喾的正妻,二人婚配生弃。中华民族的发展史告诉我们,5 000多年前,在今陕西关中西部的渭水流域,就生活着以炎帝为首领的姜姓部族和以黄帝为首领的姬姓部族,正如《国语·晋语》所载:"昔少典取于有蟜氏,生黄帝、炎帝。黄帝以姬水成,炎帝以姜水成。成而异德,故黄帝为姬,炎帝为姜。"姜水,大概是指今陕西省宝鸡市渭滨区神农镇的清姜河,系渭水南岸的一条小河;姬水即漆水,发源于今陕西省麟游县西部偏北的杜林,向东南流经武功入渭水,两地相距不远。姬、姜两族沿渭水而居,通婚并不困难。帝喾是黄帝曾孙,五帝中的第三帝。姜嫄,为有邰氏女,属姜姓部落。帝喾与姜嫄婚配生弃,大概是历史事实,姬姓周族源出黄帝、炎帝部落,亦论据充分有力。

弃,号曰后稷。据学者考证,"后稷"可能不是人名,是朝廷主管农耕的农官的称谓。弃精于农事耕作,尧时被任命为农官,并与夏禹一起听命于舜,因协助大禹治水有功而被舜封于邰(今陕西省咸阳市武功县至杨凌区一带),并赐姬姓。其后裔十几代一直在夏朝世袭为农官,直至夏代孔甲时期"去稷不务"①,弃的后裔不窋才失官失业。当代历史学家吕思勉在《大中国史》一书中说:"周朝的始祖名弃,是舜之时居稷官的,封于邰。历若干代,至不窋,失官,奔于戎狄之间。"不窋失官后,带族人返回其族原封地邰,继续从事农耕活动。不窋卒,传子鞠。鞠又带族人向北迁徙,至今甘肃省庆阳市一带,发展制陶业,因此,史书也称鞠为"鞠陶"。

---

① 去稷不务是指夏代孔甲时,王朝衰败,不重视农业生产,废止农官系统,各级稷官罢降不用。

第一章 郑桓公生平事略

鞠卒后，子公刘立。公刘为了寻找适宜农耕的土地，便带领族人在武装男子的护卫下，长途跋涉迁居到豳地，即今甘肃省宁县一带（又有一说在今陕西省旬邑县西南）定居下来，伐木除草，开荒拓土，将土地分给各父系家庭耕种，并要求其按耕种土地多少向部落交税和助耕公田，这使得生产力有了很大发展。后周人居住区域不断向南发展，直至今日陕西省旬邑县、长武县、彬州市一带。公刘迁豳，大约发生在商代初期，是周族发展史上重要的一步，周族部落开始向方国过渡，商王封其部族首领为公爵，所以人称"公刘"。《史记·周本纪》曰："公刘虽在戎狄之间，复修后稷之业，务耕种，行地宜，自漆、沮度渭，取材用，行者有资，居者有畜积，民赖其庆。百姓怀之，多徙而保归焉。周道之兴自此始，故诗人歌乐思其德。"《诗经·大雅·公刘》一诗内容皆歌颂公刘功绩。公刘卒，传子庆节。庆节与子孙皇仆、差弗、毁喻、公非、高圉、亚圉、公叔祖类共八代在豳地居住生活约500年，发展农业，建立国家体系，与戎狄反复斗争，扩大统治地域，实力不断增强。商王朝曾封其首领公非、高圉、公叔祖类公或侯爵位，周族已成为商代的诸侯国。

公叔祖类卒，子古公亶父立。其间，周族不断遭到北方游牧民族猃狁的侵扰，古公亶父起初想用贿赂的办法达成和解，便送皮帛、珠玉、羊、马等物于猃狁。但猃狁侵周的目的，并不是为了单纯掳掠财物，而是索要土地和周人，以扩大牧场和增加牧奴，改善本族的生存环境。猃狁的野心引起周人的愤怒，周欲与之抗衡到底。古公亶父不愿为个人君位而使族人做无谓牺牲，即带族人离开几代人已经营了500余年的豳地，向南渡过漆水和沮水，越过梁山，迁至岐山之南的周原一带落脚，开辟新的家园。广义的周原面积很大，大约包括今陕西省凤翔、岐山、扶风、武功、眉县、乾县、永寿等县和宝鸡市的大片区域，土地肥沃，资源丰富，气候温和，适宜农耕，可以说是周族的发祥地。古公亶父在周原，按村社①分配土地，实行采邑制和井田制，"作五官有司"，建立职官制度，国家机器逐渐完善，周人跨入文明门坎，迅速崛起。

古公亶父卒，子季历继父位称王。古公亶父生有三子：长子泰伯，次子仲雍，少子季历。按周人传统，古公亶公应传位于长子泰伯，但他特别偏爱少子季历夫妇所生的昌。泰伯和仲雍知父欲传位于季历，便自行离开周地，南行至吴，即今江苏省宜兴市一带落脚发展。季历即位，对内继续执行其父施仁政、重农耕的政策，对外睦邻友好、团结各诸侯国，在实力进一步增强后，便率军东征攻克程国，并渡过泾水，占领今陕西省泾阳、高陵、三原、富平等地以及临潼、渭水以北大片平原地

---

① 村社是商周时期的一种基层单位，由10个家庭组成，称为"十室之邑"，也就是10个家庭组成的小村庄。村社不属于地方行政单位，主管称"员外"。

开郑始祖郑桓公

带。商武乙三十年（前1118），季历再挥师北上，伐义渠戎，收复被义渠占领的豳地，陇东和陕北也落入周族势力范围。武乙三十四年（前1114），季历亲自赴商都朝歌（今河南省淇县）觐见商王，武乙赏赐季历30里的大片土地和美玉、良马，周与商王朝的关系得到改善。武乙三十五年（前1113），季历征伐西洛鬼戎，俘虏了20个部落首领，缴获大片土地和大批奴隶。商王文丁初年，季历又攻伐燕京之戎、余无之戎。文丁看季历有才干，封其为牧师，掌管商王朝的畜牧业。季历虽为王朝的官吏，但一直没有停止对戎狄的军事行动。商文丁十一年（前1102），季历又攻翳徒之戎。经过连年对外讨伐，季历相继占据了今山西、河北二省的大片区域，解除了戎狄对周族的威胁，为建立周王朝创造了条件。周族的崛起，威胁到殷商腹地，引起商王朝的恐慌。文丁十一年（前1102），季历到商都朝歌献捷，商王文丁以一个莫须有的罪名，将季历处死。从此，周商结下世仇。

周文王

季历死后，子昌继立。昌就是后来的周文王，是中国历史上著名的仁君，深受中国百姓的崇敬。据传，昌降生时，有红鸟落于屋前窗户上，口衔写有吉文的缣帛。其祖古公亶父见爱孙生来就为家族带来祥瑞，十分高兴，就名孙为昌。又传，昌继父位时，"有凤集于岐山"。此处所说的凤凰大概是孔雀或者锦鸡，是商人所崇拜的图腾。神鸟的出现，被周人看作是发皇之兆。《诗经·大雅·卷阿》曰："凤皇鸣矣，于彼高冈。梧桐生矣，于彼朝阳"，即是叙说此事。

昌继位初，为父报仇心切，不顾国力，在商王帝乙二年（前1100），仓促出兵伐商，遭大败。后改变策略，昌表面臣服于商，暗中却加紧做好灭商的准备。昌的做法迷惑了商王帝乙。为了笼络周昌以帮助商王朝加强对西北各诸侯国的统治，帝乙册封昌为"西伯"，位至三公，并嫁女于昌。西伯昌仁慈和善，聪慧过人，在周原施行厚德广惠、忠信爱人的裕民政策，发展农耕，增殖人口，广求天下英才，经营关中。太颠、闳夭、散宜生、鬻子等一批治世英才都投奔在他的门下，为其效力。商纣王帝辛继王位执政后，宠幸妲己，重用奸佞，暴虐无道，以致众叛亲离，人心思周。崇侯虎为讨好纣王，离间商周关系，便向纣王密告："西伯积善累德，诸侯皆向之，将不利于帝。"（《史记·周本纪》）纣王于是将西伯昌囚于羑里（今河南省汤阴县北）。西伯昌在狱中，开始装出一副憨态，以消除纣王对他的疑虑。纣王残暴至极，把正在王朝当人质的西伯昌的长子伯邑考杀死，做成肉汤让西伯昌喝。当昌假装不知，忍着悲痛喝下汤后，纣王便放松了对昌的警惕。西伯

第一章 郑桓公生平事略

昌在羑里被囚7年，著《周易》，教化人应心怀诚信，坚持大道，自强不息，厚德载物，韬光养晦。《北堂书钞》说文王在羑里"演六十四卦、著九六之爻，谓之《周易》"。该书后经孔子增改修定成《易经》，为儒家经典之一。西伯昌后在周国大臣闳夭、散宜生等人的多方营救下出狱回到周原。为进一步迷惑商纣王，西伯昌又向商王朝献出大片土地。纣王很是高兴，再封西伯昌为西方诸侯领袖，赏赐其斧、钺等象征权力的礼器，并授权其可代表王朝征讨不服管理的西方诸侯国。西伯昌为灭商报仇，访求姜尚（即姜子牙）出山任太师①，率兵向西灭密（今甘肃省灵台县百里镇）、败昆夷，向东征伐，在今山西省上党地区灭黎国；再向南用兵，在今河南省沁阳市灭孟国；再转向西南灭崇国，占领嵩山一带。至此，周族已完全占据和巩固了晋南和豫西的大片区域，远近诸侯及殷商旧臣纷纷归之，已成所谓"三分天下有其二"之势，并于亡故前一年徙都于新建的丰邑（今陕西省西安市长安区与鄠邑区之间），做东进伐商夺取天下的最后准备。

姜尚

可以说，灭商及开周800年王业之基础，是由周文王奠定的。

周武王

公元前1050年，周文王崩②，太子发继位，是为周武王。周武王继承王父遗志伐商，将周都东迁至镐京。在太师姜尚、太宰周公旦③等人的辅佐下，于第二年在盟津（一作孟津，今河南省孟州市）西南黄河北岸集结兵力，祭告天地祖先，誓师伐商。公元前1046年二月甲子，周军和商王朝军队大战于牧野（今河南省淇县南），周军取得最后胜利，立国500多年的商王朝灭亡。六月，周武王在镐京举行盛大的献俘

---

① 在周代，太师和太傅、太保并列，称"三公"，为朝廷最高官职，太师主要主持军务兵事。

② 君主时代，帝王死称为崩。

③ 周公，名旦，公爵，周文王第四子，周武王之弟，因采邑在周，称周公。《史记·周本纪》曰："武王即位，太公望为师，周公旦为辅。"《左传·定公四年》载："武王之母弟八人，周公为大宰。"大宰即太宰，与太师同为周武王的主要辅臣。也有资料说，太宰即太傅。

开郑始祖郑桓公

礼，宣告西周王朝的正式诞生。

郑桓公的先祖们，从弃开始，带领姬周部族，以农耕起家，在周原崛起，经过20多代的前赴后继，东征西战，奋斗不止，终于从一个氏族部落发展成为一个地方诸侯国，再由一个诸侯国发展到西周王朝，开创了周族发展史上的辉煌时代。西周王朝的开国君王为周武王发，后依周制代代相传，历经成王、康王、昭王、穆王、共王、懿王、孝王、夷王，至第十位周王周厉王，也就是周宣王和郑桓公之父厉王胡。在此期间，由于周懿王囏崩后由共王弟辟方继王位，是为周孝王，因此，按家族世系推算，周宣王静及郑桓公友为周文王第11代孙，家族世系传承清晰有序，如下西周先世世系表和西周世系表所示。

西周先世世系表

弃（后稷）----不窋——鞠——公刘——庆节——皇仆——差弗——毁隃

公非——高圉——亚圉——公叔祖类——古公亶父（太王）——季历（王季）

昌（周文王）

西周世系表（前1046—前771）

（1）武王发——（2）成王诵——（3）康王钊——（4）昭王瑕

（5）穆王满——（6）共王繄扈——（7）懿王囏——（9）夷王燮

（8）孝王辟方

（10）厉王胡——（11）宣王静——（12）幽王宫涅

（按：懿王崩后，共王弟孝王继位；孝王崩后，诸侯又立懿王子为夷王。厉王与宣王之间存在共和执政14年）

第二节　所处时代

公元前1046年，周武王克商建立西周王朝，历经11世12王，至公元前770年周平王东迁洛邑（今河南省洛阳市），前后共计276年。史学界一般认为，西周王朝的200余年发展历史，大体可分为前、中、晚三个历史时期。王朝前期，由于武、成、康、穆等周王及周公旦忠实奉行周文王"厚德广惠、忠信爱人"的裕民政策，兢兢业业，勤于政事，王朝整体呈现出政治清明、民风淳朴、社会安定的景象，是西周王朝的兴盛时期。《史记·周本纪》曰："成康之际，天下安宁，刑错四十余年

第一章 郑桓公生平事略

不用",被后世史家称颂为"成康之治"。穆王之后,西周进入中期,王朝初期那种明德慎行、汲汲求治的创业精神逐渐淡化,当政者日益懈怠骄纵,追求享乐,贵族争权夺利,戎狄犯乱,"荒服不至",王室日趋衰微。《汉书·匈奴传》曰:"至穆王之孙懿王时,王室遂衰,戎狄交侵,暴虐中国。中国被其苦,诗人始作,疾而歌之,曰'靡室靡家,猃允之故,岂不日戒,猃允孔棘'。"猃

大盂鼎

允即猃狁。厉王、宣王、幽王时期是西周晚期,朝政腐败,诸侯多叛,天灾人祸叠加,内忧外患不止,社会动荡不安。

一、周厉王时期

公元前878年,周夷王崩,其子胡继位,是为周厉王。其时距西周王朝建立已168年。在后世史家笔下,周厉王是中国历史上继夏桀、殷纣王之后又一个著名的暴君。《中国人名大辞典》"周厉王"条记述:"夷王子,名胡,好利。以荣夷公为卿士,芮良夫、召虎皆谏,王不听。暴虐侈傲,诸侯不朝。国人谤王,王使卫巫监谤,以告则杀之,国人莫敢言,道路以目。三年乃相与叛袭王,王出奔彘。"

周厉王继位时,社会崇尚功利之风已起,加之其父在位时频仍的战争严重虚耗了国家积蓄,为了继续发动对外战争和镇压内乱,他开始施行以"求利"为目的的所谓"革典"。他任用"好专利"的荣夷公为卿士,宣布:山林、川泽、湖泊、牧场等天然资源为国家所有,禁止平民使用;国家控制市场,商人不能自由买卖。此即专山泽之利、市场之利。周厉王横征暴敛、为王室积聚财富的专利政策引发了著名的"国人暴动"。

西周是奴隶制社会,也是等级社会,在政治上实行分封制,在经济上实行授田制,其核心是天下所有的土地归天子所有,天下所有的官员百姓都是天子的臣民,即"溥天之下,莫非王土;率土之滨,莫非王臣"(《诗经·小雅·北山》)。天子就是周王,是周代社会最大的奴隶主。周王将一部分土地分赐给诸侯,诸侯在自

开郑始祖郑桓公

己的封国内,又将一部分土地再分赐给卿大夫,周王、诸侯、卿大夫是西周社会土地的所有者。作为被统治阶级的农奴或野人只能从奴隶主贵族手中领取少量的份地自己耕种,以维持生计。农奴领取的份地被称作"私田",并无所有权,不得私自买卖。农奴或野人除耕种私田外,还要无偿地付出大量劳动为国家和奴隶主耕种公田和服劳役,以力役形式向国家交纳税赋。公田为奴隶主直接控制和占有,公田上的收获物归国家和奴隶主贵族所有,是国家机器运转和奴隶主贵族维持奢华生活的物质基础,这就是西周社会的基本经济制度。由于在田与田之间划有疆界,疆界是通车的大路或人行的小道,如大路通南北,小道则通东西,大小路交错,耕地就形成了无数"井"字形地貌,后人便将西周的公田制称之井田制。历史学家蔄伯赞认为,"井田制的主要内容是把土地划分为方块,井田之中有公田,也有私田。所谓公田,是指属于领主的土地;所谓私田,是指领主分给农奴的份地。因此,所谓井田制,实质上就是劳役地租制"。尚钺《中国历史纲要》也认为,井田制基本内容:井田有公田和私田之分,劳动者在公田上为"公"的劳动和在私田上为"私"的劳动在时间、空间上都是明显分开的;土地公有,分配给各家使用,且要定期重新分配,即所谓"三年更耕之""三年一换主易居";土地公有,严禁买卖、转让,即所谓"田里不鬻"。但到共王时,井田制发生变化,土地开始在贵族之间交换和转让,并得到官方认可,派官勘界付田。一些奴隶主腐化堕落,公田荒芜,奴隶逃散,为了维持自己的奢侈生活,就出卖王的公田;相反,一些中间阶层借机招徕流散的奴隶,扩大耕地,积累财富,成为新的暴发户上升为新贵族;一些贵族千方百计将王的公田,变为私有,从中谋利。同时,农夫可以自力开垦荒地耕种,以弥补生活不足,这部分耕地被称作附庸土田。土地私有逐渐出现,井田制发生松动,这是社会的进步。但周厉王倒行逆施,反对土地私有,专山泽之利和市场之利,将原由王室、贵族和平民分享的山林川泽之利收归王室所有,与民争利,为王室敛财。这使农夫不能在原来公有的山林川泽中捕鱼打猎、伐木取薪,并失去附庸土田,使自由商人不能在市场交易中获利,使下层贵族失去了既得利益,因此引起了下层贵族和平民的一致反对。一时,社会矛盾激化,民怨沸腾,引发"国人谤王"。大夫芮良夫和召穆公察觉到形势的危机,多次向厉王提出"民不堪命""防民之口,甚于防水"(《史记·周本纪》)的忠谏,但厉王不以为然,依然一意孤行,并采用高压恐怖措施,严厉镇压"谤王"者。他从卫国(今河南省境内)招来众多巫师,监视国人,一旦发现批评朝政者,即上告朝廷立即处死。在血腥恐怖政策下,国人不敢说话了,在路上相遇,只能相互用眼睛打招呼,也就是史书上所说"国人莫敢言,道路以目"。

周厉王三十七年(前841),西周终于爆发了对王朝具有重大冲击的"国人暴

第一章 郑桓公生平事略

动"。国人，是西周王朝有特定含义的称谓，指的是在国都城内或城郊居住的士（下层贵族）、农（自由农夫）、工（手工业者）、商（商贩）等，也称平民。暴动发生在西周王朝的国都镐京。暴动时，愤怒至极的国人包括一些兵士手持工具、武器，呐喊着冲向王宫，破门而入，周厉王在宿卫军保护下，仓皇出逃，腿也摔伤了。他渡过黄河，逃到一个叫彘的地方躲藏起来，成了流亡之人。暴动发生时，太子静（即后来的周宣王）还在宫中，后被召公紧急转移到自己家中藏匿起来。暴动的国人知道后，将召公家团团围住，要召公交出太子。召公对家人说："过去我劝王，王不听，才遭今日之难。今若王子被杀，王会怪我记仇而怨恨。侍奉君王，危险之中，应怨而不怨，为君尽忠。"召公忍痛叫家人将自己的儿子化装成太子，交予国人，其子被暴动者活活打死，才保全了太子静的性命。王子友（即郑桓公）及其母亲也得到周公、召公的保护，躲过了灾难。国人暴动，是中国历史上第一次平民反抗统治阶级的斗争，它波及的范围涵盖了西周王朝控制的核心区域，是一次后果严重的社会大动荡。暴动造成大量人口死亡，房屋建筑化为灰烬，贵族奴隶主四处逃匿，社会乱象横生，给西周王朝政治体系以沉重打击，使西周的统治基础发生了动摇。

国人暴动后，周厉王流亡在彘，太子静尚在幼年，西周王朝遂进入"共和行政"时期①，召公、周公共同执政，号曰"共和"。共和元年，即公元前841年国人暴动之年，为中国历史准确纪年之始。共和时期，西周统治力量削弱了，对国人有所让步，对农夫管理有所松弛，社会得到了暂时的休养生息。

二、周宣王时期

西周共和十四年（前828），周厉王死于彘，召穆公和周定公扶立太子静在镐京即王位，是为周宣王。周宣王是西周晚期一位有作为的"中兴之主"，有资料记载：厉王子，名静，长于召公家。厉王崩于彘，周、召二相立之为王，二相辅之，"法文、武、成康之遗风，诸侯复宗周"，秦仲征西戎，尹吉甫伐猃狁，方叔征荆蛮，召虎平淮夷，周道复兴。周宣王执政时，"国人暴动"已过去10余年，但王朝经济残破，民心不稳，诸侯不朝，戎狄蛮夷累侵的混乱局面还未彻底扭转。他秉承文、武、成康之道，倚重德高望重的召穆公、周定公为相治国，任用尹吉甫、仲山甫、韩奕等一批正直之士为臣为将，并采取一系列开明措施，以图中兴王业。他恢复西周前期以德治国的方针，废除其父周厉王的"专利"苛政，承认土地私有，改劳

---

① 关于"共和"，文献记载有两种说法。《史记·周本纪》载："召公、周公二相行政，号曰'共和'"；《竹书纪年》载："王在彘，共伯和摄行天下事。"据范文澜《中国通史简编》说，《竹书纪年》是采用战国游士的寓言，称共和是"共伯和干（夺）王位"，是信寓言为真事，后人又误信《竹书纪年》的误记为真史，是以一误再误。

开郑始祖郑桓公

毛公鼎

役地租为实物地租，使农业生产得到一定程度的恢复。据毛公鼎铭文记载，宣王澄清吏治，曾一再告诫臣下，不要壅累庶民，征敛不得中饱私囊以鱼肉鳏寡，对僚属要严加管束，勿使沉湎于酒，并下发禁酒令，使官场贪腐慵懒之风有所改变。对于四夷犯乱，宣王命秦庄公"与兵七千人伐戎破之"（《后汉书·西羌传》），命召公伐淮夷而平之《后汉书·东夷传》，命尹吉甫主管洛邑周围包括南淮夷在内的财政收入，并授权若南淮夷不按规定交纳贡赋、提供力役，可兴兵讨伐。同时，宣王令执政大臣南仲等率六师伐徐方，激战于淮水边，迫使徐方归顺王室；其令大臣方叔率师伐楚，使楚畏服；其命尹吉甫、南仲率师征伐猃狁，获胜。宣王还亲率王师伐猃狁，战于陶，斩获甚多。北伐猃狁，东讨淮夷、徐夷，南平荆蛮，都取得了一定胜利，既平息了边患，扩大了疆土，又增加了贡赋。宣王对有功重臣进行封赏，并善待诸侯，改善地方与王室的关系，巩固王朝统治基础。经过20余年的励精图治，西周王朝经济得到恢复，国力有所增强，社会秩序趋于稳定，一度出现了繁荣中兴局面，西周政权重获生机。

宣王的执政得到了庶民的拥戴和社会的肯定。孙作云在《诗经与周代社会研究》一书中说：《诗经》的《大雅》和《小雅》中"有一半以上的诗，是周宣王朝的诗"。其中，有反映农夫喜获丰收的诗如《诗经·小雅·甫田》，部分内容译文为："我田里庄稼渐渐长，农夫有功劳。击鼓又奏瑟，迎接田祖，希望甘霖从天降，使我稷黍密又壮，使我男女得抚养。""要准备千座大粮仓，造出万数大车厢。黍稷稻粱多又多，农夫欣喜又吉庆。神灵赐大福，长寿永无疆。"有记载宣王勤于政事的诗，如《诗经·小雅·庭燎》称宣王处理国家大事，夜以继日，宫廷内烛光不息，诸侯夜里到来，亦马上召见，通宵不休。宣王的执政也得到高官贵族的称颂，《诗经·大雅·桑柔》称赞宣王是人民崇敬的贤明之王，有法度，谨慎选择辅相。地方诸侯也恢复了与王室的正常关系。周宣王八年（前820），鲁武公率先入朝觐见宣王。第二年，宣王在东都洛邑大会诸侯，举行大蒐礼①，这是自共王时起

---

① 蒐，读sōu。据《周礼·大司马》记载，大蒐礼是西周初中期举行的一种大型军事演练活动，由大司马组织，乡遂官吏带兵士参加。活动内容有"誓师""军阵""大阅""田猎""献祭""庆赏"等。周王及诸侯有时也出席，以壮国威、军威。

第一章 郑桓公生平事略

中断近百年后首次举行的大蒐礼,声势浩大,周宣王与诸侯、朝臣、乡遂官吏集聚一堂,检阅军队,同宴共欢,呈现出一派繁荣兴盛景象。《诗序》释《车攻》云:"宣王能内修政事,外攘夷狄,复文武之竟土。修车马,备器械,复会诸侯于东都,因田猎而选车徒焉。"

晚年的周宣王骄纵起来,拒谏饰非,独断专行,最终带来了严重后果。在处理与诸侯的关系上,周宣王的举措不当。宣王三十二年(前796),他出兵伐鲁,杀鲁君伯御,强立鲁懿公之弟为鲁孝公。伐鲁的原因是宣王初年,鲁武公带长子伯御和少子戏见王,宣王违背周代"传嫡立长不立幼"的宗法制度,以个人好恶,不立武公长子伯御而立少子戏为鲁国太子。鲁武公死后,戏继位为鲁懿公。9年后,鲁国人杀戏而拥立伯御为国君。宣王为此震怒不已,2年后出兵伐鲁。宣王粗暴干涉诸侯政事,引起其他诸侯的强烈反对,"自是后,诸侯多畔王命"(《史记·鲁周公世家》),地方诸侯与王室关系再度恶化。

周宣王在军事上四处征讨,多有败绩。宣王三十一年(前797),周宣王伐太原戎,不克。宣王三十六年(前792),其又伐条戎、奔戎,王师败绩。宣王三十九年(前789),周宣王伐姜氏之戎,"战于千亩",损失惨重,"丧南

西周战车

国之师"(《国语·周语上》)。千亩是地名,在今山西省介休市境内。姜氏之戎出自西申国的一支,亦称申戎,长期活动在汾水流域,累犯周境。在千亩之战中,王师遭遇惨败,《史记·秦本纪》亦载,宣王伐姜氏之戎,"亡南国之师"。西周时期,王室为了政权安全建立了庞大的军队,宿卫西周都城镐京的有6个师,被称为"西六师",因其当年随召公伐淮夷也被称作"南国之师"。在成周洛邑为震慑东方诸侯驻扎有8个师,被称为"成周八师"。国家军队主力共有14个师。除此之外,西周还设有保卫周王的虎贲军和由诸侯指挥的地方军队。"南国之师"即王室装备最精良、作战能力最强的"西六师",在千亩之战中几乎全部被歼,宣王本人因乘坐奄父驾驭的战车疾驶才侥幸逃出重围。

在制度层面上,受贵族攻击的政策有二:一是即位初期的"不籍千亩",二是晚年"丧南国之师"后的"料民于太原"。《国语·周语上》曰:"宣王即位,不籍千亩。"韦注:"籍,借也。……天子田籍千亩,诸侯百亩。自厉王之流,籍田礼废,宣王即位,不复古也。"在西周前中期,每年春天都要举行籍田礼。当

开郑始祖郑桓公

日,周天子、诸侯和大臣,到城郊的田地上参加籍田礼,祭祀农神。周王、诸侯和大臣按爵位的高低,依次在籍田上持耜翻地,周王翻一下,公三下,卿九下,大夫二十七下,在进行象征性的劳动之后,未翻的土地再由农夫翻完。每年例行公事式的籍田礼,表示了周天子对农业的重视,上层贵族给农夫和奴隶做个榜样,让其老老实实为周天子和贵族耕种田地。大概到共和年间(或厉王时期),籍田礼就已废弛,到宣王时已默认既成事实。所谓废籍田礼,实际上就是废止行用已久的在划定的大块公田上榨取劳动者剩余劳动的"力役地租"的"助法",代之以实施按亩征收"实物地租"的"彻法"。大臣虢文公等贵族劝谏周宣王恢复祖制籍田礼,但周宣王依据井田制已经发生变化的现实,顺应历史潮流,拒绝恢复籍田礼。因此"不籍千亩"就成为宣王为政"失德"的罪状之一,受到贵族的猛烈攻击。

至于"料民于太原",是指宣王四十年(前788),"宣王既亡南国之师,乃料民于太原。仲山甫谏曰:'民不可料也。'宣王不听,卒料民"(《史记·周本纪》)。这是说,周宣王晚年连年对外用兵,丧师甚多,为补充兵员、增强国力,乃在太原这个地方实施"料民",即清理统计人口。"料民"遭到贵族们的强烈反对,大臣仲山甫危言耸听地对周宣王说:"自古以来,即使不进行人口统计,都知道人口的多少,这是因为设有各种官职管理这方面的情况。老百姓的生死,有司民的官管理;赐族受姓,有司商的官管理;征兵服役有司徒的官管理;杀死罪犯的数目,有司寇的官管理;国库的收入,有场人的官管理;每年支出粮草的数目,有廪人的官管理……因此,每年国家的收入、人口的生死数目都是明确的,不必大张旗鼓地再统计人口。这样做,就是向天下暴露了王朝人口减少,兵源枯竭,而您又无法处理政事的弱点。无端地进行统计人口,各地诸侯就会远离王室,连老天都会被激怒的!"(《国语·周语上》)但周宣王不予理睬,坚持"料民"不变。实际上在西周晚期,由于生产力发展和战乱等原因,村社井田制渐呈衰败迹象,人口流徙现象日益严重,许多原来不在人口统计范围内的奴隶已转化为需要为国家承担兵役、杂役和税赋的隶农,旧的户籍人口状况早已发生巨大的变化。周宣王为了补充兵员,增强国力,坚持"料民",具有一定的合理性和正当性。但这无疑损害了贵族的利益,使他们再也无法继续隐瞒大量为自己开垦耕种私田,并提供剩余劳动的隶农的情况了。因此,"料民"受到贵族的强烈反对,也成了宣王的又一罪状。

在统治阶级内部,矛盾不断激化。宣王四十三年(前785),大夫杜伯被宣王无辜杀害,其子隰叔逃奔于晋,其他亲族多逃向中原诸侯国避祸,朝中老臣也与周宣王离心离德,渐行渐远,加之天下大旱,田地变成荒原,稷黍无收,民不聊生,社会矛盾尖锐。宣王四十六年(前782),宣王崩,其死因也从一个侧面折射出西

第一章 郑桓公生平事略

周晚期统治阶级内部矛盾激化的现状。《史记正义·周本纪》引《周春秋》云："宣王杀杜伯而无辜,后三年,宣王会诸侯田于圃,日中,杜伯起于道左,衣朱衣冠,操朱弓矢,射宣王中心,折脊而死。"《墨子·明鬼下》也记载此事:"周宣王杀其臣杜伯而不辜。杜伯曰:'吾君杀我而不辜,若以死者为无知,则止矣;若死而有知,不出三年,必使吾君知之。'其三年,周宣王合诸侯,而田于圃,田车数百乘,从数千人满野。日中,杜伯乘白马素车,朱衣冠,执朱弓,挟朱矢,追周宣王,射入车上,中心折脊,殪车中,伏弢而死。当是之时,周人从者莫不见,远者莫不闻,著在周之《春秋》。为君者以教其臣,为父者以警其子,曰:'戒之慎之,凡杀不辜者,其得不祥,鬼神之诛,若此之惨速也。'"可见,这段传说反映了时人对宣王无辜杀害杜伯的强烈不满,并以此告诫后人不得滥杀无辜,否则鬼神必诛之。然而张守节《史记正义》《文选》及《太平御览》诸书另有一说,认为杜伯死后化作厉鬼索命报仇实属荒诞不经,但其事也非空穴来风。李西兴根据《公羊传》昭公三十一年,周天子"诛颜而立叔术",颜指邾娄颜公,邾娄颜公的夫人是有名的美人,在丈夫被杀后曾放出话说:"有能为我杀杀颜者,吾为其妻",认为"杀颜者,天子周宣王也。杀杀颜者,即杀天子也。据此传文可知,周宣王实死于叔术之手,与《墨子》《国语》所说杜伯射死宣王的故事不同",但"二说皆云宣王非善终也"。李氏还认为二说相较,《公羊传》较《周春秋》更合乎情理一些。周宣王晚年,骄纵放任,滥杀无辜,导致统治阶级内部矛盾激化,最后连自己的性命也搭进去了。当然,周宣王究竟死于何因,至今仍是一个难解之谜,以上转述仅为一说。

周宣王前期,西周中兴局面出现,但其只是风雨飘摇中的西周王朝的"回光返照"而已,终究无补于大局。周宣王后期,各种矛盾尖锐激烈,败象显露,给周幽王留下了一个不好收拾的烂摊子。

三、周幽王时期

周宣王亡后,子宫湦继王位,是为周幽王。周幽王是中国历史上著名的昏君,因"烽火戏诸侯"的典故而在中国百姓中留下骂名,其在位11年,沉湎酒色,懈怠国事,昏庸腐败。宣王末年和幽王初年,全国发生严重旱灾,河流湖泊干涸,庄稼枯死,赤地千里,民众为了活命只得离开家园逃荒谋生,真是哀鸿遍野,路有饿殍。大旱还未过去,又发生了强烈地震。《国语·周语》载:"幽王二年,西周三川皆震。……是岁也,三川竭,岐山崩。"韦昭注:"西周,镐京也……三川,泾、渭、洛。"周幽王二年(前780),在今陕西发生了强烈地震,关中地区的泾

开郑始祖郑桓公

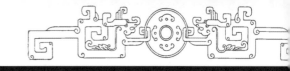

河、渭河、洛河干涸,河水断流,岐山崩塌。《诗经·小雅·十月之交》描述了地震时的状况,译文为:"雷轰轰、电闪闪,不安宁也不妥善。波涛汹涌澎湃啊,山岭峰巅尽碎崩。高崖陷为了谷壑,低谷升作了丘陵。"《诗经·大雅·召旻》也有类似记载,译文为:"老天暴虐又疯狂,把这多灾祸向下降。饥饿叫我们都病伤,黎民百姓尽流亡。灾荒蔓延到边疆。"旱灾和地震的发生,使大量房屋倒塌,农田毁坏,庄稼绝收,百姓死亡或逃命,社会秩序一片混乱。对此,西周王室本应组织赈灾,救民于水火,但周幽王对此漠不关心,依然沉醉于花天酒地之中。他任用奸邪小人,增加税赋,搜刮民财,以维系荒淫奢靡的生活。天灾加人祸,使百姓生活更加困苦。《史记·周本纪》载:"以虢石父为卿,用事,国人皆怨。石父为人佞巧,善谀好利,王用之。"《诗经·十月之交》揭露卿大夫虢石父,译文为:"哎呀!你这皇父,役民没有常数。你调我去服劳役,又不跟我商议,拆毁我的墙屋,田变污池草窝。"

在西周的核心地区发生强烈地震,其影响十分严重。事实上,古人对天灾极其畏惧,认为天灾是上帝对下民的惩罚,特别是对当权者的惩罚,周大夫伯阳父(即太史伯)就发出"周将亡矣"的哀叹。伯阳父是一位知识渊博的思想家,他用周易阴阳平衡的理论,解释自然灾异与王朝兴衰的关系,其认为:"天地有阴阳二气,平时各得其位,大地平静。但如果阳气在下面,阴气压着它,使它不能升起,就会发生地震。现在泾水、渭水、洛水流域都发生了地震,是阳气为阴气压挤所引起的。"他认为这是上天"讨厌"了周王朝,降下地震灾异对周幽王进行警告。他劝谏幽王说:"周王朝恐怕要灭亡了。历史上伊水、洛水(指发源于陕西省商洛市,向东流经河南省洛阳市,汇入黄河的南洛河)曾干枯过,是夏王朝灭亡前的征兆。黄河的水也曾干枯过,是商王朝灭亡的征兆。现在周王朝发生的事情和夏、商二代之前的情况很相似。一个国家山川牢固,立国才能有所依托。山崩川竭,就是亡国的征兆。河流枯竭了,山峰也一定会跟着倒塌。老天爷要抛弃我们了,周王朝存在不过十多年就要完了。"他劝谏幽王重视灾情,救民于水火,稳定社会,以延缓西周亡国。对此忠言,幽王置之不理,接着又对外用兵。幽王三年,"命伯士伐六济之戎,军败,伯士死焉"(《后汉书·西羌传》),周军惨败。

当同时面临天灾、人祸、边患时,昏庸的幽王又节外生枝,给自己制造了又一桩麻烦事,这便是王后和太子废立的政治风波。这一事件进一步激化了统治集团的内部矛盾,是压垮西周王朝的最后一根稻草。据有关史料记载,幽王还在储君期间,就娶申侯女为妃,继王位后,申妃即被封为王后。申后生子宜臼,被立为太子。申后来自申国,其父为申国国君。申国始封者为姜尚,是申国百姓所熟知的姜

第一章 郑桓公生平事略

太公。姜太公乃姜羌族的首领、周武王的岳父,其在武王灭商建立西周王朝的作战中,作为主帅屡立大功,周成王东征平叛后,将其再封至齐(今山东省淄博市),就国后,原封地申国为姜尚族人所世袭。宣王时,西周王朝改封申于谢(今河南省南阳市),为周王室镇守都城南面。姜族与王室历来姻亲关系紧密,武王、成王、康王、穆王、厉王皆娶姜姓女为王后,姜族是西周王朝的政治盟友,势力强大。对此,周幽王似乎没有足够的认识。

《国语·晋语》载:"周幽王伐有褒,有褒人以褒姒女焉。"幽王伐褒期间,褒人向幽王献美女褒姒,进入王宫为宫女。据《史记正义》引《括地志》所言,褒国故城在梁州褒城县(今陕西省勉县)。幽王三年(前779),幽王嬖爱褒姒,将其封为妃,生子伯服。褒姒大概因貌美而受宠得势,并拉拢朝中佞臣形成一股政治势力,排挤申后的姜姓势力,控制朝政。据《诗经·小雅·十月之交》记述,朝中的太师函皇父、司徒樊氏、掌管典籍的家伯、膳夫仲允、内史聚子、主管马政的蹶父、任监察的楀等都成了褒姒的亲信同党,围绕在其周围,结党营私,祸国乱政,国民深受其害。《诗经·小雅》中的《正月》《十月之交》《雨无正》《小旻》《小宛》《巧言》《何人斯》《巷伯》《四月》等诗篇,都记载了幽王宠褒、残害忠良和祸及百姓的情况。《史记·周本纪》又载:"褒姒生子伯服,幽王欲废太子。太子母申侯女,而为后。后幽王得褒姒,爱之,欲废申后。"约在幽王五年至幽王八年期间(前777—前774),幽王不计政治后果,公然违背周代宗法制度,废太子宜臼而立伯服为太子,废申后而封褒姒为王后。太子宜臼被废后,处境十分险恶,他在申人的保护下,逃离镐京,奔申国避祸。在中国古代王朝中,废皇(王)后、废太子,是国家的政治大事件,都会引发大大小小的政治风波,轻则各派政治势力恶斗,朝廷内乱,重则改朝易代,引发社会大动荡。

周幽王废申后、废太子不得人心,使王室与申国的矛盾骤然激化,申国联合鄫国、犬戎从东南和西北两个方向向宗周王畿发起攻击,周王室已到了生死存亡的最后关头。幽王十年(前772),幽王亲率大军抗击申鄫联军,遭遇失败。幽王十一年(前771),犬戎逼近镐京,幽王看京城难保,大势已去,便带褒姒、伯服及一些朝臣,在虎贲军的保护下,弃城东走,欲在骊山(今陕西省西安市临潼区骊山)点烽火召诸侯勤王,但"举烽火征兵,兵莫至"。其原因是,初,"褒姒不好笑,幽王欲其笑,万方故不笑。幽王为烽燧大鼓,有寇至则举烽火。诸侯悉至,至而无寇,褒姒乃大笑。幽王说之,为数举烽火。其后不信,诸侯益亦不至"(《史记·周本纪》)。此时的各路诸侯,早已与王室离心离德,多数作壁上观,见死不救。骊山脚下双方大战,戎军势大,幽王、伯服为乱兵所杀。后犬戎"虏褒姒,尽取周赂而

开郑始祖郑桓公

去"(《竹书纪年》)。周幽王当初为博得美人一笑而"烽火戏诸侯",美人笑了,江山却倒了,其为此付出了丧命失国的惨重代价。

幽王亡后,原太子宜臼在申侯、鲁侯、许文公、鄫侯拥立下,继承王位,是为周平王。

西周王朝的覆亡,是社会各种矛盾激化的必然结果,但后来的反周遗民却编造了一段荒诞离奇的神话传说,将其归结为天意灭周,史学家司马迁将此传说记载到《史记·夏本纪》和《周本纪》中,大意如下:在夏朝将要灭亡时,有二神龙飞到夏庭,告诉夏帝说,他们是褒国两位君主。夏帝让卜师占卜,杀龙、留龙、去龙都不吉利,只有留龙的涎液藏之才是吉兆。夏帝遂将诸龙留下的涎液藏于匣中,二龙才消失。夏亡后,此匣传于商,商亡后传于周,三代都无人敢打开。至周厉王末年,开匣观看,龙的涎液满庭流淌,无法清除,厉王以为是妖气作祟,命裸女群呼鼓噪,涎液化为蜥蜴,窜入后宫。后宫一个7岁童妾遭蜥蜴侵害,到15岁时就奇怪怀孕,后生一女,因未婚而育,就将女婴丢弃,被一褒人捡回,长大后成一美女。后周幽王伐褒国,褒人恨周,将该女献于幽王,让其灭周,果然西周亡于褒女之手。该传说悖谬不堪,漏洞百出,实不足信,显然为后人仇视周幽王编造而成。

公元前770年,由于镐京所处的关中地区,多年遭受旱灾、震灾和犬戎的侵扰,早已百业凋敝,又经申、鄫、戎联军的浩劫,宫殿房舍倒塌,人口大量减少,王室难以立足,周平王遂在晋文侯、郑武公、秦襄公的护卫下,迁都洛邑。至此,运行了276年的西周王朝退出历史舞台,中国历史进入到东周列国时代。

厉王、宣王、幽王时期,是西周王朝最为昏暗、动荡的时代,郑桓公就是出生、成长和生活在这个时代的重要政治人物。在朝廷腐败、民不聊生、内忧外患不止、社会动荡不安的时代背景下,他肩负历史责任,率军抵抗猃狁,精心治理郑国,和集周民,寄孥虢郐,展现了一个政治家忠周爱民、勤于国事的道德风范和高瞻远瞩、顺势而为的政治智慧,为推动西周晚期经济发展、缓解社会矛盾和民众疾苦,建立了不朽功勋。

第三节 王子少年

郑桓公的幼年是不幸的,可能出生不久即遇上"国人暴动",社会动荡不安,父亲周厉王流亡于彘,不在身边。按现代人的话说,郑桓公从小缺失父爱。但幸运的是,他得到了召公、周公等朝中大臣的保护,躲过祸乱,与母同居于镐京王宫,依然过着优越的王子生活。稍大后,其按周代教育制度进入学校接受教育。

第一章 郑桓公生平事略

周代重视教育，自周公旦摄政后，对教育十分重视，学校分国学、乡学两类。国学设在王朝国都和诸侯都城中，培养对象皆为贵族子弟。国学又分小学、大学两个阶段。在国都的大学名"辟雍"，又称"学宫"；在诸侯都城的大学名"泮宫"。西周的大学具有突出的实践性特点，学习内容以礼、乐、射为主，偏重行为和能力的训练养成，目的是把入学者培养成未来各阶层官僚系统中合格的统治人才。西周的大学与后世的专门教育机构还有区别，它不仅是贵族子弟读书之处，还是贵族成员集体行礼、集会、聚友、习武、奏乐的地方，兼有今日学校、礼堂、会议室、俱乐部、运动场等综合功能。国学中小学的学习内容以书数为主，兼及行为礼仪。一般而言，贵族子弟8岁入小学，读书7年；15岁入大学，读书9年。至25岁左右，贵族子弟结束学业，可以为国所用。

西周的乡学，指在郊中六乡①所设的学校，也就是地方学校。《礼记·学记》曰："家有塾、党有庠、术有序。"术应为遂，塾、庠、序就是在乡中各级所设的学校。《孟子·滕文公上》在讲到井田制时说："设为庠、序、学校以教之，庠者，养也；校者，教也；序者，射也。"乡学的学习内容包括"六德""六行""六艺"三类课程。"六德"指知、仁、圣、义、忠、和六类道德规范；"六行"指孝、友、睦、姻、任、恤六种道德行为；"六艺"为礼、乐、射、御、书、数六科技艺。关于乡学招收的对象，学界历来认识不一，但一般认为是上层平民子弟，也就是低级贵族和自由民子弟。至于下层隶农子弟，是无法进入乡学接受教育的；而处在社会最底层的奴隶子弟，与乡学更是无缘。

对于王室及高级贵族子弟的教育，西周王朝有一套完整的制度。郑桓公贵为王子，虽然文献对他少年时代的读书情况无明确记载，但从有关史料和资料中，仍可窥见一二。《礼记·王制》曰："乐正崇四术，立四教，顺先王《诗》《书》《礼》《乐》以造士。春秋教以《礼》《乐》，冬夏教以《诗》《书》。王大子、王子、群后之大子、卿大夫元士之适子、国之俊选，皆造焉。"意思是说，乐正（即国学中负责教育的官员）尊崇四种教育途径，因而设立四门课程，即用先王传下来的《诗》《书》《礼》《乐》培养人才，春秋二季教授《礼》《乐》，冬夏二季教授《诗》《书》。天子的嫡子和庶子、三公和诸侯的嫡长子、卿大夫和上士的

---

① 西周实行乡遂制度，乡和遂是国家管理系统中的两个行政组织。乡设于京城和诸侯国都以及城郊地区，一般为六乡。乡内居住的称国人，聚族而居，从事农业生产或工商业。乡设大夫管理乡中事务。乡以下又设州、党、族、闾等各级组织。遂是设于乡之外更偏远的原野地区，居住在遂内的人称野人，其地位低于国人，以氏族为单位，住在村社小邑中，生产生活环境较差，从事农业生产。遂设遂人、遂师、遂大夫管理辖内事务。遂以下设有县、鄙、酂、里、邻各级组织。

开郑始祖郑桓公

嫡长子,以及从各地挑选出来的俊士和选士①,都要到国学里接受教育。《礼记·文王世子》也说到,太学(即国学中的大学)对太子及学士进行教育,根据不同的教学内容,选用不同的官员来承担授课任务。礼的教育由主持礼仪的官员来教导,读书由主管典籍的官员来教导,乐舞由乐官太师以及小胥、大胥、小乐正来承担。这些课程都是在国学的东序和上庠中进行。同时,天子还要召集三公、九卿、大夫等官员定期到国学中视察,并和学士一起演习射礼和饮酒礼。

西周前期的一件青铜鼎铭文,也印证了天子的太子和王子都要到国学中接受教育这一史实。李学勤教授曾在2005年9月和2008年4月的学术演讲中称,西周成康时期的一件青铜器物叫"荣仲方鼎",上有铭文,内容与教育有关,讲的是西周的大学。其大意如下:周康王请一个名叫荣仲的人办了一所学校,在十二月庚寅那天,王子奖励了荣仲。在己巳那天,荣仲请芮国芮伯和胡国胡侯的儿子入学。依据资料他认为,这个学校当时名"序",设在大学内,其学生来源首先是王的子弟,包括太子,其次是诸侯的子弟,再次是地方挑选的秀士。根据以上文献资料可以推断,郑桓公少年时代读书学习都是在国都镐京的国学中度过的。10多年中,在授课老师的言传身教和周公、召公等朝中贤臣的感染熏陶下,他诵文习射,不仅学习掌握了国学普通教育所规定的德行才艺,而且诵读先王先圣经典之书,全面接受了周文王、周公旦确立的执政理念、道德规范、礼乐制度等思想文化教育。当然,西周的教化内容复杂多样,涵盖面极广,特别是针对西周王朝未来治国人才的教育更是无所不包,农工商生产、社会组织管理、刑律法制、用兵作战、民众治理、对外关系等皆在教育范畴内。

关于郑桓公读书学习阶段的具体细节,史书无载,我们已无法知晓,但可以肯定的是,他少年时代习礼修身,不仅掌握了治国理政的基本知识,而且具备了忠周爱民的报国情怀,为其之后率军作战、治国安邦、建立功业奠定了思想文化基础。

第四节 抗击猃狁

据有关资料记载及出土文物证实,大约在西周宣王十六年至宣王二十二年(前812—前806),郑桓公曾率军抗击北方猃狁族对周的侵略,并取得胜利。猃狁,是长期活动在中国西北地区的一个游牧民族,他们剽悍善骑射,古时称薰育,商代称鬼方,西周称猃狁、昆夷,后世称匈奴,原活跃于今宁夏省北部及内蒙古自治区南

---

① 根据西周时期的选士制度,地方向司徒推选的优秀人才称"选士";司徒向国家推荐可以在国学读书的优秀人才称"俊士"。

第一章 郑桓公生平事略

部，后逐渐向南迁徙，直至今甘肃东部及陕北一带，与周族相邻，时常侵周，周人屡受其苦，就在猃狁原本的"允"姓前加"犭"，蔑称其为"猃狁"，以反映其族凶悍特性。到周懿王时，猃狁频繁侵犯周境，就出现了《诗经》所说的"靡室靡家，猃狁之故"的累侵之苦了。宣王时，猃狁更加猖獗，已南侵至今陕西省泾阳县北瓠口，又沿泾水而下至镐京附近，掠夺人口和财物，直接危及镐京的安全。宣王初年，王室曾命秦族首领秦仲与其子秦庄公伯氏以及尹吉甫、南仲等将领相继征伐猃狁，使其降服于周。但之后猃狁仍然时服时叛，反复无常。郑桓公率军抗击猃狁，大概就发生在这一时期。

1980年11月，陕西长安县（今陕西省西安市长安区）出土了一件青铜鼎，称"多友鼎"，此鼎铭文达278字，记载着多友（即郑桓公）与猃狁作战并获胜的全过程。铭文大意如下：十月，猃狁将领率战车百余乘，入侵周境，来势凶猛。多友接到武公军令后，即率王师北上抗击猃狁。十月甲申的早晨，两军在一个叫郗的地方相遇，对阵厮杀。多友乘车持钺，率先冲入敌阵，指挥周军奋勇冲杀，迅速

多友鼎

将戎兵击败，夺回了被掳的百姓，并追敌于龚和杨冢。多友连续作战，三战皆捷，杀敌甚多，使残敌向西北溃逃，周军俘获了大量俘虏和战马、兵车、兵器等军用辎重。作战结束后，多友将战利品全部献捷于武公，武公再转献于周宣王。周宣王依周制赏赐多友土地及贵重金属物，以褒其功。

多友鼎铭文

开郑始祖郑桓公

历史学者田醒农、雒忠如在《多友鼎的发现及其铭文试释》一文（载《人文杂志》1981年第4期）说："郑桓公名友，又称多友。"其认为多友鼎的铭文就是记载郑桓公抗击猃狁获胜的历史事实。张广志《西周史与西周文明》（上海科学技术文献出版社2007年版）一书也对多友鼎铭文做了分析，他说："多友，或谓即厉王少子、宣王庶弟、郑始封之君桓公友"，也有认可上述史实的意思。与猃狁作战获胜，既展现了郑桓公的作战指挥才能和英勇顽强的勇武精神，又是他为周为民建立的一次大功勋。

第五节　立国开郑

周宣王二十二年（前806），郑桓公在抗击猃狁获胜后不久，即被其兄周宣王封于郑，始建郑国，成为郑国第一代国君。《史记·郑世家》载："郑桓公友者，周厉王少子而宣王庶弟也。宣王立二十二年，友初封于郑。封三十三岁，百姓皆便爱之。"这是历史文献对郑桓公立国开郑的权威记载，多为后世史家引用。郑，按其古意，是指一种地貌。东汉训诂书《释名》讲，"郑，町也。其地多平，町町然也。"现代工具书《辞海》释"町町"为"平坦貌"。可见，在中国古代，人们把地形平坦的地方称为"郑"。"友初封于郑"，意思是说，友被封到一个地势平坦叫"郑"的地方。据有关史料推断，郑，就在今陕西省渭南市华州区。刘泽华《中国古代史》（人民出版社1979年版）说：陕西华县（今陕西省渭南市华州区）"在商代称为郑"。其地处关中平原东部，地势平坦，沃野千里，称"郑"名实相符。还有一些文献从后来郑国演变为郑县这个角度，也做了阐述。颜师古注《汉书·地理志》云："郑，即今华阴、郑县。"《史记索隐》云："郑，县名，属京兆。秦武公十一年'初县杜、郑'是也。又《系本》云：'桓公居棫林，徙拾。'宋忠云：'棫林与拾皆旧地名'，是封桓公乃名为郑耳。至秦之县郑，盖是郑武公东徙新郑后，其旧郑乃是故都，故秦始县之。"东汉郑玄《诗谱》云："宣王封母弟友于宗周畿内咸林之地，是为郑桓公，今京兆郑县，是其都也。"西晋杜预《世族谱》云：郑桓公"封于咸林，今京兆郑邑是也"。明代《华州志》曰："华州，古郑地。周宣王二十二年，庶弟曰友，初于郑。志曰：郑，又名咸林。"以上诸多文献资料说明，在距今约2 800多年前，郑桓公被周宣王封于郑，也就是今天的陕西省渭南市华州区，建立郑国，成为郑国400多年基业的开创者。先有郑地，再有郑国，后有郑县、华州、华县，直至今日之华州区，历史一路走来，印迹有稽可考。

分封制是周代最基本的政治制度。它大概最早出现在夏禹时期，禹在征服和兼

第一章 郑桓公生平事略

今日郑地

并其他部落过程中,对不服从者予以惩罚,对驯服者予以承认,并封其为诸侯国,由此产生了中国历史上最早的国家组织形式,即最高王权和地方诸侯国结合的建制结构,史称这种政治制度为"分封制"。夏亡商立,继续实行分封制,活动在今陕西关中西部地区的姬姓周族部落,到古公亶父迁周原后,就受商分封,成为西北地区颇有影响力的诸侯国。周文王时期,周族已"三分天下有其二"(《论语·泰伯》),为了有效统治和管理国家,他在王畿内辟出一定区域,赏赐给亲贵和功臣作为采邑,成为王权统治的据点。周文王"封藩建卫",是对夏商分封制的一种发展。周武王灭商后,在镐京建立西周中央王权,周的王畿之地向东扩展,使宗周王畿、成周王畿、原殷商王畿①连成一片,包括今陕西关中和豫西、豫北、晋南、冀南地区,号称"京畿千里"。周武王在王畿内,封母弟叔鲜于管、叔度于蔡、叔处于霍,监督殷人,谓之"三监"。在王畿之外,封神农之后于焦,黄帝之后于祝,帝尧之后于蓟,帝舜之后于陈,大禹之后于杞,等等。成王、周公东征胜利后,全国性的大规模分封开始,周王派遣自己的姻亲兄弟、异姓贵族勋戚或臣服的异族首领,带着武装的家臣和俘虏到指定的地方去垦殖,并把那里的土地和俘虏赏赐给他们,让其建立起诸侯国,进而由其继续征服和镇压附近各部族。周王封周公子伯禽于鲁,召公子克于燕,姜尚于齐,成王弟叔虞于唐,王室的亲贵子弟大都受

---

① 宗周王畿是指西周王室直接管理的区域,在以西周都城丰镐为中心的今陕西关中地区。成周王畿,是指西周东都洛邑(今河南省洛阳市)直接管理的区域,包括今豫西、晋南地区。殷商王畿,是指原商代王室直接管理的区域,包括以商都朝歌为中心的今豫北、冀南地区。

开郑始祖郑桓公

封。《左传·昭公二十八年》云:"武王克商,光有天下,兄弟之国十有五人,姬姓之国四十人。"此皆举亲也。《荀子·儒效》云:周初"立七十一国,姬姓独居五十三人"。通过分封,全国境内有大大小小近百个封国,像军事据点一样牢牢拱卫着西周王朝。这种大规模的分封,直到周康王后,才基本停歇,之后采邑制虽有延续,但也只是分封制的余波。

西周在政治上实行分封制,受封的诸侯国与采邑都称诸侯国,对周天子要承担守卫疆土、出兵勤王、缴纳贡赋、朝聘述职、随王祭祀等义务,以起到"以藩屏周"的作用。但二者还是有区别的,采邑在畿内,作为俸禄的一种形式分封给在王朝担任公卿大夫等上层贵族,一般不能世袭,采邑疆域的大小由朝廷划定,不能扩张;诸侯国在畿外,受封者除亲贵功臣外,还有殷商时的旧诸侯以及先王、先圣后裔,君主可以世袭,诸侯国的疆域由朝廷划定,但可辟土服远,不断扩大,是一个相对独立的经济、政治实体。到西周晚期,王室统治力逐渐衰弱,采邑侯国势力增强,与地方诸侯国相差无几。

郑桓公被封于郑,始建郑国,已到西周晚期,是西周分封的最后一个诸侯国。周宣王作为中兴之主,经过20多年的励精图治,国家的政治局势逐渐稳定,戎狄累侵的边患得到缓解,诸侯恢复朝觐,王室威信重新确立。为了巩固中兴大业,他在执政中期,对一些有功重臣进行封赏。其中,周王封德才兼备的韩奕为诸侯,到燕北地区(今北京市北)建立韩国,为其镇守北地;在征服徐戎后,周王命召公去谢地(今河南省南阳市)划定封疆,迁封申伯于谢,建立东申国,为其镇守周境南大门,以巩固南疆;仲山甫在征西戎、猃狁、荆蛮和淮夷中功劳卓著,被封于樊,建立樊国;等等。在这一批分封浪潮中,就包括封桓公友于郑。

郑桓公身份比较特殊,他是周宣王的母弟,具有被分封的身份和资格,是符合西周的分封制度的。又据《今本竹书纪年》载:周宣王"二十二年,王锡王子多父命居洛"。杜预注:"郑桓公,周宣王之母弟,封郑助祭泰山,汤沐之邑在枋,此以厉王之子,宣王之弟,故称王子多父,即郑桓公友也。"从中可以看出,郑桓公在抗击猃狁获胜后的几年中,有可能在东都洛邑担任某个重要职务,并且颇有政绩,加之又具有王弟的身份,所以宣王封他为诸侯国君。当然,周宣王封其弟友于郑,应是经过深思熟虑的。一是郑地的地理位置十分重要。它位于关中平原的东部,处在丰镐至洛邑两都之间的东西交通主干道(时称周道)上,是扼守宗周东大门的一个重要据点,当年周武王发兵灭商,就是沿着这条道路途经郑地向东而行的。二是郑邑拾(在今陕西省渭南市华州区柳枝镇王宿拾村一带),是宗周畿内东部的一个政治中心。《古本竹书纪年》载:"穆王元年,筑祗宫于南郑。"关于祗

第一章 郑桓公生平事略

官,《左传·昭公十二年》载"马融云:圻内游观之宫也"。《穆天子传》卷四注云:南郑"今京兆郑县也"。杨东晨《周兴亡史》也说,"这里系周诸侯彤伯国邑城地,离宫亦筑在城内。其作用显然是周王在东西都间的停留之所,有控制华山以东诸侯之意。"郑邑拾在周初是彤伯国的都城,周穆王好游,曾在拾建离宫别苑,并成为周王往返东西都或祭祀泰山时的一个行宫。三是郑地是一个开发较早的成熟农耕文明区。这里的老官台、泉护村、元君庙等地发掘出土的大量文物证明,在距今约8 000年,中华民族的先民们就在此地群居生息,创造了古老而辉煌的老官台文化、仰韶文化和龙山文化,农耕业、家畜业和制陶业已经出现。周宣王将其弟友封于此,屏藩周室,是比较放心的。从此,郑桓公与郑地、郑人结下了不解之缘,开创了郑地历史文化的新纪元。

关于郑桓公建立的郑国疆域范围,文献未有明确记载。西周时期,交通尚不发达,人类活动受自然环境限制,虽聚族而居,但总体比较分散,一水一山之隔,其人可能不相往来,山川水系地形,是疆域范围形成的一个重要因素。吕思勉在《中国的历史》一书中依据文献《白虎通义》有关内容认为:"区别诸侯尊卑的是爵,而封地大小,即因爵而异。""地的大小,今文家说:公侯皆方百里、伯七十里、子男五十里。"郑桓公为伯爵,封地范围大致以今渭南市华州区为核心,南到秦岭,北临渭水,东到华山,西到今渭南市城区东,这一狭长地带与吕氏的说法及当地地理环境的特点相吻合。不过,当时渭水的位置可能在今更北的地方,且河床不似今日之宽阔。

立国开郑

开郑始祖郑桓公

宣王二十二年（前806），郑桓公带着宣王赏赐的象征权力的器物及亲属族人、家臣，到封地就国。他先居住在一个叫棫林（亦称咸林）的地方（今陕西省渭南市华州区下庙镇东周村与柳枝镇彭村之间），但时间不长，即东迁至拾，两地相距不远，仅七八里之遥。这就是史书上讲的"桓公居棫林，徙拾"。郑桓公初到封国，即按诸侯国体制，以拾为中心，建立起一套自上而下的管理体系和地方武装力量。在治国施政上，他秉承周文王的裕民政策，敬天保民，重农薄赋，发展经济，以礼教化民众，以德管理社会。他任用贤良之人担任各级官吏，组织郑人开垦荒田，修路筑桥，发展农业、手工业和商业。郑国土地肥沃，气候温和，降水丰富，物产富饶，在夏商周三代，一直是农耕成熟区，但由于地势南高北低，落差较大，每遇大雨，南山之水，顺沟谷倾泻而下，淤积于平川低洼地带，土地大面积被水淹没，久而久之，遍地沼泽，荆棘丛生，荒芜不堪。郑桓公出自周族，发展农耕是其分内之责，即组织郑人疏通河道，治理水患，使积水归入支流排向渭河，并除草伐木，燎荒垦殖，使荒地变为良田。

今华州区柳枝镇拾村

郑国国都拾、棫林在华州位置示意图

郑桓公是一位重视经济、勤政务实的政治家。他顺应历史发展潮流，在井田制逐渐动摇的历史背景下，在郑国大力推进土地私有进程，允许百姓自力开垦荒田，扩大"私田"份额，促使农奴向平民转化，调动农夫的生产积极性，解放生产力。他把周族先进的农耕生产技术与郑地土著农耕方式相融合，创新发展，使郑国在短短几十年中，一跃成为农耕强国。当时在郑国，稷、黍、粟、禾、麦、稻、菽等粮食作物相继出现；芥、蓼、姜、桂、葱、韭、芹、椒聊、葫芦等蔬菜已为人

第一章 郑桓公生平事略

所食用；菱、棋、栗、榛、柿、桃、李、杏、梅、楂、梨、瓜等瓜果树木已培育成功；马、牛、羊、豕、犬、鸡、雉、兔、鱼及种桑养蚕等家庭养殖业日趋成熟；选育良种、施肥、灌溉、防治虫害、轮作等生产技术已开始使用。

郑桓公不仅重农，也重工重商。周代，王室和诸侯公室拥有各种手工业作坊和具有专门技艺的工匠，号称"百工"，并实行"工商食官"制度，由官府管理，主要为国家和王室贵族服务。郑桓公建立郑国，成为一方诸侯，他就国时，特意从东都洛邑带来一批工匠和作坊，落户郑地，发展郑国手工业。其实，郑地手工业早在仰韶文化时期就已出现，在当地老官台、元君庙、泉护村、南沙村等古人类文化遗址和东阳商周古墓葬中就挖掘出土了大量陶器、石骨器、铜器、布痕、车马具等。这说明郑人聪明勤奋，擅长手工制作，很早就从事制陶、青铜制造、麻织、车具制造、饰品制造等手工业。郑桓公执政郑国，对手工业采取鼓励政策，解除对工匠的人身限制，提高其社会地位，重视其应得利益，促进手工业由官办向民间发展。在短短几十年间，制陶、冶铜、兵器、车具、皮革、麻织、玉器、漆器、酿造等作坊遍布都城一带，产品种类丰富多样，应有尽有。手工业已经为郑国经济的一个主要门类。

农业、手工业的发展，又带动了商业的发展。商业在西周初期已受到重视，商税征缴和管理已开始出现，市场由"质人"管理，商人之间进行市场交易，须持有"质人"制发的契卷。市场上交易的商品有生活资料、生产工具，以及贵重的"宝货"、兵器、丝帛、牛马，还有奴隶。奴隶的价格很低，五个奴隶与一匹马或一捆丝的价格相等。市场交易用的货币是贝。以物易物的交易在民间广泛存在。西周前期，商业多为王室及奴隶主贵族所控制，后逐渐放松。宣王时，商贾往来于天下，交易活动通畅于全国。

郑桓公在郑国对商业采取宽松和开放政策，支持其自由发展，使大量商奴转化为自由商贾，商人财力雄厚，社会地位提高，成为郑国的一支重要力量。《左传》记载郑桓公曾与商人盟誓："尔无我叛，我无强贾，毋或丐夺。尔有利市宝贿，我勿与知。"意思是说，你（商人）不能背叛我，要为国家上缴规定的赋税；我也不会强买强卖，更不会抢夺你的财物；你赚了多少钱，我也不会过问。誓词蕴含的历史信息较多：一是郑桓公重商，他代表郑国向商人，也是向社会宣示政策和态度，支持商业发展；二是商人财力雄厚，已经成为郑国的一支重要社会力量，不容忽

开郑始祖郑桓公

视；三是郑桓公其人诚实守信，能以国君身份与民盟誓，反映了一个政治家的执政理念和品格。郑桓公这种以诚信为核心的商业思想，成为中国商业文化的精髓，被后人称颂。商业贸易也成为郑国一个重要的经济门类，成为强国富民的重要内容，其思想也为后世子孙所继承。在他执政期间，郑国都城内外，商业繁荣，市场交易活跃，成为镐京与洛邑之间一个重要商埠，丝织品、麻布、陶器、玉器、漆器、车具、皮件、青铜器、酒等各种手工业产品，沿交通干道运销至镐都和洛邑，甚至远达晋南、豫东和荆楚等地。

经济的发展促进了社会的进步。郑国都城规模不断扩大，宫庙和民居建筑已采用土木结构，用陶砖砌墙，用陶瓦覆顶，木制门窗已经开始使用，房屋高大、宽敞、明亮。村野庶民的住房也逐渐从半穴居向地面发展，用夯土筑墙，用柱、梁、檩、椽构成房屋骨架，上盖树枝和茅草。官学及私学不断发展，受教育者越来越多，村社各种祭祀、礼仪文化活动活跃，整个郑国出现经济繁荣、庶民安居、民风淳朴、政通人和的景象。

周宣王末年，王室穷兵黩武，四处发动讨伐战争，且关中连年发生大旱，引发西周王朝财政空虚，国力衰弱。但郑桓公依然克服困难，向王室超额上贡纳税，帮助其渡过难关，维持国家机器的正常运转。周幽王二年（前780），"泾、渭、洛竭，岐山崩"，关中先后遭遇干旱和地震，灾害严重，郑国深受其害，百姓生活陷入困苦。郑桓公查访灾情，组织救灾，并通过减轻税负和徭役救民于水火，使郑国在较短的时间内，重新恢复生机。郑桓公在郑国执政33年，其中，宣王时期25年，幽王时期8年，勤政爱民，始终如一，深得郑人爱戴。司马迁在《史记·郑世家》中评价郑桓公："封三十三岁，百姓皆便爱之。"明代《华州志》也记载，郑桓公是一位贤明、勤政、爱民的国君，治国有方，为郑国的发展和百姓的福祉进行了不懈努力，并建立了不朽的功勋。

第六节　任职司徒

周幽王八年（前774），郑桓公在郑国执政33年后，接受王命赴镐京担任王室司徒，郑国国事可能交由其子掘突（即郑武公）代为管理。

此时的西周王朝，已处在覆亡的前夜。周幽王是一个昏庸荒唐的君王，他以虢皇父为太师，任用一批奸佞小人，形成一股腐败保守势力，结党营私，祸国乱政。幽王二年（前780），宗周王畿一带发生严重旱灾，泾河、渭河、洛河三川断流，第二年又发生大地震，岐山崩塌，旱灾和地震叠加在一起，使农田荒废，房屋倒塌，

第一章　郑桓公生平事略

人口大量死亡，社会一片混乱。周幽王不顾百姓死活，在宫中依然过着奢靡的生活。更为荒唐的是，他宠褒姒，废申后，另立太子，使朝廷各派政治势力之间的矛盾激化，申国、鄫国和犬戎联合发兵攻周，天下大乱。周幽王在诸侯反叛、内外交困、政权不稳的情势下，将叔父郑桓公调至朝廷担任王室司徒，以图稳定人心、缓解危局，为自己分忧解难。

司徒，作为西周王朝六卿之一，是主管人民和土地的高级政务官，除管理土地的垦辟、井田的划分和奴隶耕作等事务外，还要管理诸侯封疆划界及军旅事宜，若有战争，还要带兵打仗。西周时期，诸侯国的国君到朝廷担任卿大夫，管理国家事务，是一种常例。郑桓公是一位德才兼备、治国有方的政治家，从个人才能上看，他担任司徒，按说可以力挽狂澜，再造周室。但时势比人强，此时西周朝廷内外已混乱不堪：原太子宜臼早已奔命于申，褒姒的儿子伯服被立为新太子；申后已废，褒姒已登上王后之位，朝政被以虢石父为首的褒后势力所控制；申、鄫、戎联军步步进逼，其他诸侯远离王室，坐山观虎斗。郑桓公在司徒任上受制于褒后势力，独木难支，无力回天，但依然忠于王室，勤于政事。在政治态度上，他坚持道德底线，正身立朝，不与褒后势力同流合污，并对周幽王的乱行极力进行劝谏。据龚书铎、刘德麟《传说时代·夏·商·西周：追寻祖先的足迹》（北京联合出版公司2012年版）书中称：司徒郑伯友（即郑桓公）曾劝谏周幽王，烽火台是先王为应急而设，不要无缘无故地燃起，失信于诸侯。周幽王不以为然，还斥责他多管闲事。

郑桓公与保守腐败势力不和，但与太史伯关系密切，他们同朝为官，经常在一起探讨治国之道，评析朝政得失。《国语·郑语》记载，太史伯曾告诉郑桓公："王心怒矣，虢公从矣，凡周存亡，不三稔矣！"意思是周幽王对忠臣的话已听不进去了，虢石父阿谀逢迎，受到周幽王的宠信，不出三年，周就要灭亡了。虢石父是继函皇父之后的又一位执政卿士，与褒姒沆瀣一气，操控朝政。《史记·周本纪》云："石父为人佞巧，善谀好利"，"幽王以虢石父为卿，用事，国人皆怨"。太史伯向郑桓公诉说对周幽王和虢石父的不满，可见他们二人关系之密切。

太史伯时任王室太史，名颖，又称伯阳父，主管各种文书，包括册命、制禄、图籍、记史、祭祀、占卜、礼制、时令、历法、耕作等。太史伯是一位知识渊博的思想家，对古代哲学中的"和""同"命题有深入研究。《国语·郑语》记载，太史伯在与郑桓公的一次谈话中说到，"如今周王抛弃光明正大的人，亲近邪恶、内心黑暗的人，是采取单一的雷同。多样性的统一可以生成万物，单一的雷同就不能发展。把不同的东西加以协调平衡叫作多样性的统一，所以能丰富发展而使万物归于统一；如果把相同的东西简单相加，用尽了之后就结束了。所以先王把土和金、

开郑始祖郑桓公

木、水、火相配合,而生成万物,合成王、公、大夫、士、皂、舆、隶、僚、仆、台十种等级以训导百官,于是产生了千种品位,具备了上万方法,计算成亿的事物,经营成兆的财物,取得万兆的收入,达到数字极限。所以先王坐拥九州土地,取得收入来供养万民,用忠信来教化他们,使他们安乐如一家人。这样就是和的极点了。于是先王从异姓的家族中聘娶王后,起用直言进谏之官,来谈论国家众多事务,努力做到多样性的统一而不是单一的雷同。如今,周王摒弃多样性的统一而专用雷同,这是上天夺取了他的理智。要想不衰败,可能吗?"对于太史伯"和实生物,同则不继"的思想以及主张"和而不同,以和治国"的理念,郑桓公十分认同。他在司徒任上,坚持以"和"为原则为人处世,处理各种复杂的国事政务,安抚周民,并取得了较好的施政效果。《史记》说他"和集周民",就含有"和"的哲学思维。郑桓公是中国历史上践行以"和"为核心的理政观的第一人。

在古代社会,人口是劳动力,土地是主要生产资料,因此,部落之间、民族之间、诸侯之间的许多战争,都是为了占有更多的土地和人口。郑桓公担任王室司徒,主管王畿内的土地和人口,其政务内容与国家的经济发展、庶民百姓的生计、社会的稳定息息相关。土地的分布与变化、人口的增减与流动以及其他制度政策的制定与实施,都是他履职的重要内容。在司徒任内,他坚持先王先圣"重民""保民"的理念,根据井田制已经动摇的实际情况,顺应潮流,因势利导,解放生产力,发展农工商业,鼓励百姓开垦荒地,扩大"私田",以维持庶民的基本生活。

郑桓公任司徒期间,王畿河洛一带久旱不雨,灾情严重。他赴灾区查看灾情,赈济灾民,对灾区民众实行轻徭薄赋政策,减轻其负担,缓解其疾苦。他以"和"协调周民与殷商遗民的关系,缓解部族之间的对立情绪,支持宜农者从耕,有技者从工,能商者自由经商,各有所依,改善生活条件。郑桓公河洛之行的惠民举措,解救了处于水深火热中的庶民百姓,使他们受惠良多,社会矛盾也得到了缓解,因而深受"东土之人"的爱戴和称颂。

郑桓公从幽王八年至幽王十一年(前774—前771)任职司徒三年有余,他虽然无法挽救西周王朝的覆亡状况,但始终以怀柔周民为己任,在错综复杂的社会矛盾和恶劣的政治环境中,殚精竭虑,为发展国家经济、缓解社会矛盾、解除民众疾苦做了大量有益的事情,体现了一个政治家的社会责任和历史担当,也赢得了民心。这成为周幽王腐败朝廷中唯一可称颂的善政,为西周晚期政坛增添了些许光彩。为此,时人作《缁衣》以颂,《国语·郑语》曰:"桓公为司徒,甚得周众与东土之人。"《史记》亦曰:"幽王以为司徒,和集周民,周民皆说。河洛之间,人便思之。"

第七节　寄孥东土

周宣王后期，西周的政治局势不断恶化，朝纲不振，诸侯多叛，猃狁猖獗，社会混乱的局面再次出现。周幽王继位后，昏庸腐败，贪图安逸，近奸邪，宠褒姒，废立王后和太子，申、戎反周，宗周畿内安全受到严重威胁，加之遭受旱灾和地震，民不聊生，社会衰败不堪，官民便思退路。当时，东都洛邑一带自然灾害较轻，距离边戎较远，社会相对安宁平稳，一些王公贵族便利用特权和敛聚的财富，在东都王畿内大兴土木，为自己营造新的安身之所。其中，在洛邑黄河北的樊地（今河南省济源市一带），宣王王子尚父为自己建造了杨邑，幽王朝太师函皇父建造了向邑，太师仲山甫建造了樊邑。《诗经·小雅·十月之交》就记述了函皇父为了自己的亲属和财产安全，不顾国家利益，向东避祸的历史事实。部分内容译文为："皇父自夸圣明，以向邑为都。自选三司官，诚然聚集了很多钱财。不愿留下一位元老，使他们保卫我王朝。选择好车马，迁往那向邑。"在这些王公贵族的推波助澜下，向东迁徙成为难以阻挡的趋势，人们纷纷向东流动，寻找自己的避难之地。

周幽王九年（前773），时局更加危急，司徒郑桓公预见到西周王朝危在旦夕，便思退路，为郑国谋万全之策。一次，他和好友太史伯就郑国的安全和去向进行了一次长谈，内容丰富，论述精辟，被《史记·郑世家》记载。该文曰：

桓公问太史伯曰："王室多故，予安逃死乎？"太史伯对曰："独洛之东土，河、济之南可居。"公曰："何以？"对曰："地近虢、郐。虢、郐之君贪而好利，百姓不附。今公为司徒，民皆爱公，公诚请居之，虢、郐之君见公方用事，轻

问计史伯

分公地。公诚居之，虢、郐之民皆公之民也。"公曰："吾欲南之江上，何如？"

开郑始祖郑桓公

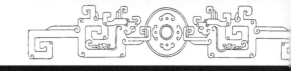

对曰:"昔祝融为高辛氏火正,其功大矣,而其于周未有兴者,楚其后也。周衰,楚必兴。兴,非郑之利也。"公曰:"吾欲居西方,何如?"对曰:"其民贪而好利,难久居。"公曰:"周衰,何国兴者?"对曰:"齐、秦、晋、楚乎?夫齐,姜姓,伯夷之后也,伯夷佐尧典礼。秦,嬴姓,伯益之后也,伯益佐舜怀柔百物。及楚之先,皆尝有功于天下。而周武王克纣后,成王封叔虞于唐,其地阻险,以此有德与周衰并,亦必兴也。"桓公曰:"善。"

这篇论述不仅对西周必亡的趋势做了透彻的分析,对郑国向虢、郐之间转移做了谋划,而且分析了西方、北方、东方、南方的形势,对代周而兴的齐、楚、晋、秦也做了论述,为文献所载,流传至今。这样一个关乎郑国安危和未来发展的大计,即郑国东迁的规划及策略,便在一个政治家和一个战略家的对话中确定了。

郑桓公是一位务实的政治家,在紧要关头,他没有丝毫犹豫,以充分的理由上奏周幽王,请求将自己的亲属财产移寄到洛邑以东地区。周幽王为大势所碍,无法拒绝,只好允准。在征得幽王同意后,郑国东迁的第一步,寄孥东土的行动迅速启动。郑桓公一方面命其子掘突带上资财到虢、郐与两国国君商谈寄孥其事,另一方面派人与郑国商人联络,要求其为寄孥资助钱财。正如太史伯所预料的那样,寄孥虢郐的行动计划,进展得十分顺利。

虢国在今河南省荥阳市一带,郐国在今河南省新密市一带,占据着洛邑以东大片土地。两国国君不敢得罪正在朝廷担任司徒的王叔郑桓公,特别是在已经获得掘突送来的资财宝货的情况下,私欲得到了一定程度的满足,况且两国百姓也对郑桓公早有耳闻,仰慕已久,因此,虢、郐两国国君慨然献出十座城邑,供郑国使用。不久后,由郑国商人组织的车马大队,满载着郑桓公的亲属族人,财贝、铜器和丝帛等贵重物品,当然也包括郑国商人、手工业者和部分百姓,浩浩荡荡地沿着通向东都洛邑的道路向虢郐行进,最后分别聚居在十邑之地,成功实现了郑桓公东土寄孥的战略大转移。实际上,这次大转移仅是郑桓公谋划郑国东迁的第一步,打的是寄孥的旗号,转移的只是郑桓公的亲族财产和部分郑人,而郑国的管理体系还在郑地,郑国的国事活动还在正常进行。

寄孥虢郐在当时洛邑一带是一个政治大事件,引发了社会的强烈反响。百姓好奇地看着西面来的郑国人带着先进的生产技术,在自己的土地上落地生根,居住生活。初来乍到的郑国人很快熟悉了当地的环境和习惯,主动融入当地社会,发展生产,聚集力量,用勤劳和智慧把十邑之地建成一个新的"根据地",为郑武公之后的郑国东迁奠定了基础。

按史学界的传统观点,郑国东迁的第一步寄孥虢郐到此似乎就结束了,但最新资料显示,郑国东迁还在继续。2016年4月,清华大学出土文献研究与保护中心公布的战国竹简研究成果《郑文公问太伯》明确记载,郑桓公生前已"获函、訾","克郐"。

寄孥虢郐

该中心主任李学勤教授认为,这一记载揭示了两周之际郑国开国的真实面貌,也将为春秋早期历史研究带来新的突破。也就是说,在寄孥虢郐之后的不长时间内,郑桓公可能就用军事手段占领了郐国,已经开启了新郑国开疆拓土的历程。如果这是事实的话,那么郑桓公就不仅是郑国的开国国君,而且是新郑国的创建者,郑武公开创新郑国的传统观点将会被动摇。当然这是后话,还要等待史学界的最后定论。

从郑国400余年的发展历史来看,郑桓公寄孥东土的意义是十分巨大的,它不仅使郑国渡过了一次重大安全危机,而且为之后郑武公迁国新郑,建立一个东周初期诸侯强国,进而延续郑国达394年奠定了基础。否则,郑国亡国和郑人沦为异族异国奴隶都是有可能的,那样郑国乃至东周的历史将会被重写。寄孥虢郐,充分彰显了郑桓公作为郑国开国国君和一代政治家的战略眼光、政治智慧和爱国情怀,历代文献对此都有浓墨重彩的描述,后世郑国国君和百姓对此亦多有传颂。

第八节 殉国骊山

周幽王十一年(前771),腐朽没落的西周王朝在一片腥风血雨中,终于走到了尽头。在中国历史上,王朝的易代更替,往往是各种社会矛盾激化到一定程度的结果。西周王朝亦然,到了晚期,王室与诸侯国之间的矛盾、部族之间的矛盾、奴隶主贵族与平民奴隶之间的矛盾交织在一起,复杂激烈,难以化解,这是西周灭亡的根本原因。而导致其灭亡的导火索则是周幽王宠褒姒、废立太子这一政治事件。

周幽王初年,褒姒受宠,与太师函皇父、司徒樊氏等朝中佞臣结成一党,操控

开郑始祖郑桓公

朝政，与申后政治势力相对抗，并鼓噪废王后、另立太子。幽王五年（前777），申后的儿子宜臼在生命安全受到威胁的情况下，由申人保护逃出镐都，到外祖父申侯的封地申国避难。申侯看到自己女儿政治上失势，外孙的太子地位难保，申国的政治利益受到威胁，便联合鄫国以及西北的犬戎发兵寇周，王室与申国的矛盾开始激化。

幽王六年（前776），申、鄫、戎联军从东南、西北两个方向向宗周王畿发起攻击。幽王命秦军首领率师抵抗，东南战线取得暂时性的胜利，申军攻势被阻，但西北方向戎军一路进攻顺利，曾一度占领犬丘（今陕西省兴平市）。幽王八年（前774），太子宜臼正式被废，褒姒的儿子伯服被立为新太子，申国与王室的关系进一步恶化。之后，联军再度向镐京方向发动进攻，王室军队作战不利，日退百里，社会一片恐慌。幽王十分恼怒，声言必杀宜臼，并亲自率军征讨申国，但同样遭到失败。

幽王违反西周"立嫡立长"的宗法制度，中途废立太子，引起诸侯国的强烈不满。因此，在王室与申国的交战中，各诸侯国大多采取中立态度，既不助周伐申，也不助申攻周。由于保卫镐京的军队主力"西六师"在宣王末年的"千亩之战"中几乎全军覆没，至此尚未恢复，王室与申戎作战主要依靠秦国军队。秦族，嬴姓，伯益之后，周孝王时，被周封为附庸国，封地在秦邑。周宣王时，秦国晋升为大夫级采邑侯国，封地移至犬丘。由于一直依赖周王室的保护和支持才得以发展，秦国对周王室尽忠尽力，曾在宣王征伐猃狁作战中屡立大功，在这次申、鄫、戎联军反周中，秦依然出兵倾力救周。《史记·秦本纪》曰："七年春，周幽王用褒姒废太子，立褒姒子为嫡，数欺诸侯，诸侯叛之。西戎、犬戎与申侯伐周，杀幽王骊山下。而秦襄公将兵救周战甚力，有功。"

此后，申、鄫、戎联军与王室军队的战争时开时停，延宕数年。幽王十一年（前771），联军再次集结兵力向镐都发起猛烈攻击，周军无力抵抗，节节败退。犬戎兵力强大，进展迅速，兵锋很快抵达镐京城下，城内一片混乱。周幽王看镐京难守，即带王后褒姒、太子伯服及随臣，在虎贲军的护卫下，冲出包围，向东仓皇出逃，戎兵紧追其后。幽王一行逃至镐京东50里外的骊山脚下时，被后追的戎兵包围，双方激战，终因兵力悬殊，王师一败涂地，周幽王被乱军杀死，伯服也死于乱兵刀下，褒姒被戎军俘获。此战结束后，戎军乘胜回撤镐都，大肆烧杀抢掠，城内被洗劫一空。后到镐都的申侯用财宝贿赂犬戎首领，劝其退兵。戎军带着抢掠的贵重财物，撤出镐都西去。

昏庸无道的周幽王因废立王后、太子这一政治事件，不仅断送了西周王朝，也断送了自己的身家性命，还祸延其叔父郑桓公。郑桓公在司徒任上，是否参与军务机要及伐申作战，史无记载，但在周幽王出逃镐京时，他也带兵出城，紧随周

殉国骊山

幽王东撤，并参与了与戎军的骊山之战。作战中，他奋力冲杀，欲带兵保护周幽王冲出重围，但不幸身中数箭，坠车而亡。

郑国与王室关系密切，在郑国执政的郑桓公之子掘突，获知镐京被犬戎包围的消息后，便带郑国军队西进勤王，最后也参加了对戎作战。《史记·卫康叔世家》载："四十二年，犬戎杀周幽王，武公将兵往佐周平戎，甚有功，周平王命武公为公。"以上记载了幽王十一年（前771）郑武公掘突佐周平戎之事，周平王即指原太子宜臼。郑桓公阵亡后，尸体被勤王参战的郑国兵士找到并运回郑国，其子掘突按西周礼制将父葬于郑国南山北麓的高地上。

周幽王在骊山被杀后，申侯、鄫侯、鲁侯、许文公在申国拥立故太子宜臼即王位，是为周平王。原幽王朝宠臣虢公翰等褒姒势力不甘心失败，又拥立幽王子余臣为携王，与周平王对抗，一度出现了二王并立的局面。但余臣非幽王嫡子，称王与西周宗法制度相悖，众诸侯多从平王而不服携王，携王终为晋侯所杀。周平王成为周王室唯一的正统之君，后赴镐京就国。

西周末期，宗周王畿一带历经多次政治动乱、战争破坏和自然灾害，又处在犬戎的威胁之下，特别是镐京经过犬戎蹂躏，房舍倒塌，人口流离，经济凋敝，一片凄凉，王室政权在此已难以立足。公元前770年，周平王带着王室朝臣和后宫眷属，在晋文侯、郑武公、秦襄公等诸侯的保护下，迁都洛邑，历经276年的西周王朝就此消亡，东周王朝在洛邑正式开启。

郑桓公晚年受命于周幽王，任职王室司徒，虽对幽王多有不满，但也尽最大努力进行了劝谏和匡正，尽管效果甚微，但始终遵循西周宗法制度，秉持"尊祖""护宗"的道德观念，公忠体国，忠诚于先祖开创的大周基业，竭尽心力，"大邦维屏"，最后为保护周王室在骊山阵亡。郑桓公成为西周危机关头，文献

开郑始祖郑桓公

记载的唯一一位为国捐躯的朝廷高官。从某种意义上讲,郑桓公是西周王朝的殉葬品,在后来的《东周列国志》中,他被塑造成一个精忠报国的悲剧人物,其依据大概就来源于此。周平王继位后,王室以周公歌颂周武王《大武》乐章中的"桓"为"谥",赐予郑桓公,褒奖其在西周生死存亡之际,所表现出的忠诚英勇、大义凛然的忠周护宗精神。"桓"者,烈烈武功也,是对郑桓公一生丰功伟绩的概括与总结。

开郑始祖郑桓公

第二章

郑桓公思想文化及历史影响

开郑始祖郑桓公

第一节 治国理政思想

周公

公元前1046年,周武王灭商建立西周王朝。不久,周武王病逝,其子成王诵继位,因成王年幼,周公旦摄行王政。周公是武王之弟,是一个大政治家,他依据周文王的思想文化传统,参酌殷礼,为巩固西周王朝统治制定了一系列政治、思想、文化等典章制度,也就是后世儒家所称颂的周公"制礼作乐"。

在中国古代,天命思想根深蒂固,认为王权为神所授,王代天治理万民,民完全为王所有。周公是周武王灭商的重要助手之一,他亲身经历了殷亡周兴的历史演变过程,目睹了"皇天上帝改厥元子"(《尚书·召诰》),天命不于常的严酷事实,并发现天命的改变与民心的向背有一定的联系,即所谓"天视自我民视,天听自我民听","民之所欲,天必从之"(《尚书·泰誓》),遂逐渐淡化了对天的信仰和依赖,而在"人事"亦即"治术"上思考和探求,并进行相应的思想理论建构,从而提出"德治""民本"思想。西周初年的文诰,几乎每篇都说到如何治民。其中《尚书·无逸》说治民要"先知稼穑之艰难","怀保小民,惠鲜鳏寡"(惠意为加惠于,鲜指穷人),"继自今文子文孙,其勿误于庶狱庶慎"。重农、保民与慎狱遂成为西周治国的重要纲领。《诗经》中西周时期的许多诗篇也说到天命与民事,具体观点如下:烝(众)民是天生下来的,皇天上帝是烝民的宗主;天选择敬天有德的国君做天的元子,给他人民和疆土,其代天保民,元子若不称职,皇天上帝就会改选别人;文王受天命称王,因为他实施裕民政策,所以得到了上天的眷顾。周公等周初统治者从夏商灭亡的历史教训中认识到,"惟命不于常"(《尚书·康诰》),要使西周王朝统治长久,就必须敬天保民。在这里,敬天与保民是统一的,敬天就要保民,保民就是敬天。如何才能上敬天、下保民呢?周公认为,关键在于统治者自身"明德""敬德"与否,亦即能否奉行"德治",以德治国。他的以德治国思想主要包含三个方面的内容:一是要求在位者(即统治者),克制自己的私欲,约束自己的行为,加强自身的道德修养,并向在位者提出"孝友""勤奋""无逸""恭敬""亶(诚信)""惠""宽"等修德要求及"高乃听"(谨慎地对待自己的听闻,善于总结经验教训),"永观省"(经常观

第二章 郑桓公思想文化及历史影响

察和反省自己）等修德方法；二是在具体行政中，亦即在治民方法上要重教化，前提是把"民"当"人"看待，要"保民"和"显民"（显民指光显、尊崇其民），"闻人小之劳"，"若保赤子"一样地去保护自己的臣民；三是慎刑罚，要"明德慎罚"，"明德"（崇尚德教）是根本和前提，"罚"是"明德"的辅助和补充，应谨慎对待，不可滥用。周公以德治国思想，在一定程度上体现了对人的尊重，也对统治者的贪欲、妄行进行了一定的限制和遏止，这是中国历史上第一次把道德建设系统化、理论化，并提高到治国的高度。周公的治国思想具有一定进步意义。

"民惟邦本，本固邦宁"，语出《尚书·王子之歌》，是周公"民本"思想的理论基础，也是同"德治""保民"思想紧密联系的。"民本"的原意是只有民众才是立国的根本，根本稳固了，国家自然安宁。这要求统治者为了政权的稳固和国家的长治久安，必须"重民""保民"。尽管从根本上来说，周公的"敬天保民"思想完全是为西周王朝统治阶级利益服务，并无丝毫现代意义上的"民主"含义，但却是一种比较清醒而有远见的治民之术。

周公制礼作乐的同时，还为西周社会制定了一套区别君臣、上下、父子、亲疏、尊卑等维护社会等级关系的礼乐制度和行为准则。周公的思想文化以敬天、尊祖、护宗、保民、无逸、尚贤、贵老、教化、明德、慎罚等要素为核心，体系完备，博大精深，不仅直接影响和作用于整个西周历史时期，而且作为中国儒家文化的历史渊源之一，为塑造几千年来中国文化的精神气质发挥了重大的作用。

郑桓公是西周晚期的一位政治家，他在青少年时期就接受了周公思想文化的教育和熏陶，后成长为一个符合西周社会道德行为准则和礼仪规范的王室青年贵族。周宣王二十二年（前806），郑桓公被封于郑，始建郑国，是郑国第一代国君，在位治国33年。周幽王八年（前774），郑桓公又任王室司徒，成为西周王朝执政重臣，负责国家的土地和民众事务，理政3年多，直至幽王十一年（前771）在骊山与犬戎作战中死亡。郑桓公在近40年的治国理政期间，忠实秉承周公思想文化理念，并根据西周经济社会不断发展变化的实际，与时俱进，有所创造，取得了较好的施政效果，是一位有思想、有作为的政治人物，受到后世史家的好评。由于历史条件的限制，郑桓公治国理政的史实在历史文献中反映不多，但仍能从中发现其有关治国理政及道德行为的信息。

一、敬天保民观

民在西周社会统称庶民，属于被统治阶级。庶民从高到低又分自由民、农奴（隶农）和奴隶三个阶层，他们的经济和政治地位不同，有严格的区分，特别是奴隶，处在社会的最底层，无任何地位和自由。至西周晚期，井田制发生动摇，私田不断扩大，实物地租逐渐代替劳役地租，庶民阶层之间的界线逐渐被打破。

开郑始祖郑桓公

郑桓公是一位开明的统治者,他在郑国国君和王室司徒任内,根据西周晚期经济社会变化的实际,顺势而为,采取一系列"重民""保民"的治国理政方针。在经济层面上,他组织民众大量开垦荒地,鼓励庶民耕种私田,增加收入,改善生计;在政治层面上,他解放农奴、工奴和商奴,促使其向自由民转化,获得半独立的人身自由,政治地位发生一定改变;在社会层面上,他修路筑桥建邑,改善庶民生活环境,发展乡学教育,以德教化民众,以礼影响社会风尚;在旱灾、地震发生后,他关注民众疾苦,利用行政手段,适时赈灾救民,减轻灾民痛苦。如此"重民""保民"的治国理政举措,使郑国经济有了较大发展,民众生计有了改善,社会基本保持平稳和睦状态,也使西周晚期的阶级矛盾和社会矛盾得到一定程度的缓解。后世司马迁在《史记·郑世家》中说,郑桓公在郑国治国有方,"封三十三岁,百姓皆便爱之","幽王以为司徒,和集周民,周民皆说,河洛之间,人便思之"。《国语·郑语》亦载:"桓公为司徒,甚得周众与东土之人。"以上文献内容,是对郑桓公一生政绩的历史评价,皆与民众有关。郑桓公在郑国执政了33年,受到郑国百姓的爱戴,之后任职王室司徒,深得民心,周民皆悦。当然,这也是历史对郑桓公"重民""保民"思想的肯定和称颂。

二、忠周护宗观

郑桓公的忠周护宗思想来源于西周的宗法制,主要体现在对待西周王朝政权及周幽王的态度上。郑桓公是周厉王少子、周宣王之弟、周幽王叔父,是王室子弟、近支亲族,与西周王朝政权有着很深的思想情感和政治联系,他受封于郑,成为郑国开国国君,"屏藩周室""拱卫镐京"是他的政治责任。周宣王在晚年,频繁发动征讨戎狄的战争,消耗了大量的人力物力,使王室财力空虚,元气大伤,周宣王无奈"料民"于太原,引起贵族的不满。在王室政权面临严重财政危机时,郑桓公倾郑国之力,施以援手,向王室上缴大量贡赋,维系了国家政权的正常运转,使宣王渡过了危机。周幽王时期,奸佞当道,朝政混乱,旱灾地震先后发生,特别是周幽王宠幸褒姒,废立王后、太子,使得其与诸侯离心离德,统治阶级内部矛盾加剧。在政局不稳、社会动荡的危急时刻,郑桓公临危受命,任王室司徒,他竭尽心力,劝谏幽王,匡救时局,虽然效果甚微,但对周王室和周幽王仍然不离不弃,直至犬戎逼近镐京,仍随护幽王东撤,在骊山与犬戎激战而亡,用自己的生命诠释了他忠周护宗的思想信念和道德风范。

宗法制是西周王朝立国的基本制度之一,其核心是以家庭为中心,按血统、嫡庶来组织和维系社会,分配财产和权力,以维护贵族世袭统治。周天子和诸侯除了是君臣关系外,在亲族之间还存在以血缘为纽带的宗法关系。郑桓公与周幽王虽为叔侄,但周幽王是君,郑桓公是臣,君为上,臣在下。此外,周幽王是天子,是

西周宗主，为大宗；郑桓公是郑国国君，在郑国是宗主，但在西周王朝这个大范围内，相对周幽王还只是小宗。小宗服从大宗、护卫大宗是宗法制的基本原则，不可违制，否则即是大逆不道。郑桓公作为王室贵族成员，受宗法制思想的禁锢，即使对待一个腐朽没落即将灭亡的王朝政权和荒淫昏庸的周幽王，仍忠贞不渝。这正是他忠周护宗思想的体现。

三、以"和"为核心的理政观

西周末年，朝廷有个太史名伯阳父，亦称太史伯，是一位不为常人所知的思想家。他提出了"和实生物，同则不继"的思想，认为天下实现了和谐，则万物可生长发育，如果完全相同一致，则无法发展和继续（《国语·郑语》）。也就是说，他认为自然界和人类社会的万事万物和谐相处，才可繁荣发展，若排斥异己，追求同一，那是难以为继的。"和"的观念产生很早，其含义由音乐之和，到人际关系之和，再到国家政事之和，逐步深化，范围很广。而第一个对"和"进行理论提升，使之成为事物之本和天地法则的人，就是太史伯。

郑桓公就西周王朝和郑国的前途命运，曾经和太史伯进行过交谈，太史伯正是以"和"的思想为基础，指出周幽王的要害是"去和而取同"，即讨厌拒绝有不同意见的贤明正直的忠臣（去和），而亲近和重用事事附和他的无知鄙陋的小人（取同），断言幽王必将走上一条不归之路，不出三年周必亡。太史伯的思想对郑桓公的影响无疑是巨大的。

"和实生物，同则不继"，和而不同的思想，虽然不是郑桓公提出的，但他应该接受了这一思想，并在治国理政中予以实践并取得丰硕成果。他和集周民，周民皆悦；缁衣遗爱，万民称颂；政商盟誓，重商强国。这都是在"和实生物"哲学思想指导下勇于实践的结果。

太史伯与郑桓公"和"的思想影响到后世的儒家，孔子的"君子和而不同，小人同而不和"（《论语》），就是这一思想的延续。而孔子之孙子思，融合了孔子的思想，并做了理论阐述，他在《礼记·中庸》一文中说到，喜怒哀乐没有表现出来的时候，叫作"中"；表现出来以后符合节度，叫作"和"。"中"，是人人都有的本性；"和"，是大家应遵循的原则。一旦达到"中和"的境界，天地便各在其位，万物便生长繁衍了。这就是说，人们都有各种各样的需求，而要实现这些需求，则要遵循一定的原则、规矩，人人办事都不逾矩、不越界，就会达到一个和谐的境地。"和"是有原则的和谐相处，就是说，凡无关原则的小事，就要理解忍让；凡事关原则的大事，则要坚持原则。太史伯提出"和"的思想，郑桓公予以实践，以"和"治国，不仅对缓解社会矛盾、维护社会稳定发挥了作用，也对中国古代哲学思想的发展做出了贡献。

四、贵老尚贤观

郑桓公是一位贵老爱才的政治人物,为了治理好国家和社会,他广开言路,招纳贤才,恭听贤士之言,以求治国良策。《诗经·郑风·缁衣》就是歌颂他尚贤的代表诗篇。宋代朱熹在《诗集传》中说:"郑桓公、武公,相继为周司徒,善于其职,周人爱之,故作是诗。"后人多赞成这一说法,认为桓、武二公对周民进行安抚,赢得了周民的拥护。所以,《缁衣》为"美桓武二公好贤之诗"。郑国桓、武时期,二公为了治理好国家,礼贤下士,广纳各方人才,遇有贤士来归,则为他们安排馆舍,供给衣食,并亲自去看望他们,嘘寒问暖,关怀备至。该诗译文为:

> 黑色朝服正相宜,
> 破了给你来改易。
> 到你公馆去看你,
> 回来为你把饭备。
>
> 黑色朝服真美好,
> 破了给你来改造。
> 到你公馆去看你,
> 回来为你备饭早。
>
> 黑衣宽大真适合,
> 破了给你来改做。
> 到你公馆去看你,
> 回来为你备吃喝。

《周礼·地官司徒》记载,担任司徒的职责有以贤制爵和以庸制禄。"以贤制爵,则民慎德"(根据贤行颁授爵位,人就会谨慎修养德行);"以庸制禄,则民兴功"(根据功绩制定俸禄,人就会致力于建功立业)。西周时期已出现最初的选士制度,《礼记·王制》载:"命乡论秀士,升至司徒,曰选士。司徒论选士之秀者而升之学,曰俊士。升于司徒者不征于乡,升于学者不征于司徒,曰造士。"这段话说明,由乡将德行、德艺优秀者举荐给司徒,此为"选士";司徒将其中俊秀者举荐入学,使之学有所成,此为"造士"。"选士"和"造士"涵盖了培养与选拔人才的全过程。无论是士的培养还是选拔,都关乎向周王举荐贤能人才的问题。因此,司徒在这一过程中起着极为重要的作用。郑桓公在担任司徒期间,重视选拔人才,尊重贤能,尽管公务繁忙,但仍不厌其烦地接待贤士,并且对他们满怀热

情，关心其衣食。《诗经·郑风·缁衣》就旨在赞美郑桓公关爱缁衣（黑色朝服）贤士的重才尚贤风范。

五、重商富国观

西周晚期，商业已有一定发展，富有的商人穿着贵族的衣服招摇过市，甚至有些人步入士的行列，在朝廷上获得了官职。郑桓公敏锐地观察到这一社会变化，意识到商业对于国家经济的影响，便在郑国立国之初就重视商业发展，施行以商强国的方略。他在发展官商的同时，解放商奴，使其向自由民转化，发展民间私人商业，并与商人盟誓，曰："尔无我叛，我无强贾，毋或丐夺。尔有利市宝贿，我勿与知。"这份盟誓相当于是郑国君主郑桓公对郑国商人的承诺，要求商人不要背叛国家，国家也会保护商人的自由买卖货物权和财产权，以换取商人对国家的拥护和支持。郑桓公重商强国思想，使郑国商业快速发展，郑国都邑市场繁荣，货通东西两都，国力得到提升。郑国商人财力雄厚，热爱国家，乃至在之后郑国寄孥东土过程中发挥了至关重要的作用。

第二节　文化精神核心

一、护周殉难——忠

郑桓公少年时接受西周的道德文化教育，对国家和民族有深厚的情感。青年时代，他率军抗击猃狁对西周的侵犯，为国为民做出了重要贡献。猃狁，又称犬戎，是古代中国北方的一个游牧民族，夏商周时期屡犯中原，是威胁汉民族生存安全的最大因素。周宣王时期，猃狁势力强盛，十分猖獗，多次侵犯周境，王畿北部一带百姓深受其苦。周宣王十六年（前812）前后，猃狁再次入侵，郑桓公受命率军反击，连续作战三次，大获全胜，夺回了被抢掠的百姓和财物，使猃狁溃逃而去。郑桓公此次率军抗敌，仅是他一生多次抗击外族侵犯中的一次，并被记载在多友鼎铭文中。

周幽王十一年（前771），犬戎又一次入侵，来势凶猛，包围镐京，周幽王仓皇出逃，西周王朝危在旦夕。时任王室司徒的郑桓公带兵勤王，在骊山参加对戎作战。由于双方力量悬殊，周幽王及太子伯服为戎兵所杀，王后褒姒被掳。郑桓公在作战中，毫无畏惧，奋力冲杀，最后也身中乱箭，坠车身亡。虽然这次战争，是由周幽王废立王后和太子而起，但其性质仍然是外族的侵犯。在西周政权生死存亡的危急关头，郑桓公毫不犹豫，挺身而出，为国家利益而战，直至牺牲自己的生命。郑桓公是共和时期，由召公、周公培养出来的贵族王子，服从王室、效忠西周的愿望和意识十分强烈，他的一生无论是青年率军抗击猃狁，建立大功，还是晚年带兵

开郑始祖郑桓公

勤王，与犬戎作战，为国尽忠，体现的都是郑桓公对西周王朝的无限忠诚。尽管后世有人对郑桓公的"忠"不以为然，认为郑桓公的"忠"是"愚忠"，但其中所体现的国家意识和民族精神还是应该肯定的。

二、缁衣遗爱——仁

仁者爱人。郑桓公作为西周的司徒，爱西周的百姓；他作为郑国的国君，爱郑国的子民。据《国语·郑语》，郑桓公担任周王室的司徒期间，掌管全国的土地和户籍，以及徒役征发和农工商事等。他在司徒任上，重民保民，以民为本，对周民多加安抚，赢得了周民的拥护，河洛一带的人民都爱戴和思念他。郑桓公的仁爱精神也为《诗经》所歌颂。《孔丛子》云：孔子读诗时有"于《缁衣》见好贤之心至也"的喟叹，说孔子曾经深有感情地说："诵读《缁衣》这首诗，就可以知道桓公是多么喜欢贤能之人啊！"《诗序》也记载：郑桓公、郑武公父子"并为周司徒，善于其职，国人宜之，故美其德，以明有国善善之功焉"。这段话告诉我们，桓公、武公先后出任西周司徒，尽职尽责，受到国人的爱戴和欢迎，为了颂扬他们高尚的德行和精神，

缁衣遗爱

郑人创作《缁衣》这首诗，彰显了他对国家莫大之功勋。

《缁衣》一诗影响很大，使得"缁衣遗爱"一语千古流传。白居易《和阳城驿》诗曰："怜君一寸心，宠辱誓不移。疾恶若巷伯，好贤如缁衣……骨肉同衾裯，至死不相离。"这里的"好贤如缁衣"，可以解释为"这个喜欢贤良之辈的人，就如同《缁衣》里描述爱贤之深切的郑桓公一样"。郑桓公的仁爱之风，常常被后世当作典范，用来教化他人。明代，时人将"缁衣遗爱"四字镌刻在郑桓公墓前石牌坊上，以彰昭他的仁爱精神。

三、寄孥虢郐——智

西周末期，朝政混乱，经济凋敝，地震、干旱等灾害严重，犬戎侵扰，西周政权朝不保夕。郑桓公未雨绸缪，为了郑国的生存发展，和太史伯进行了一席长谈，太史伯建议他早做打算，并在问答中分析了西方、北方、东方和南方的形势。

第二章 郑桓公思想文化及历史影响

在历史发展的紧要关头,郑桓公采纳了太史伯的建议,果断做出郑国向中原战略转移的决策。在求得周幽王的同意后,他先把自己的家室、亲族、财货和商人东迁至虢国、邻国献出的十邑之地,在东面建立起一个新的"根据地",这就是历史上有名的郑桓公寄孥虢邻。他以一个政治家的远见卓识和政治智慧,使郑国避免了一次覆国危机,并为郑国之后再延续390多年奠定了坚实的基础。

其实,寄孥虢邻仅是郑桓公整个战略谋划的第一步,他的最终目的是要把郑国举国东迁至中原一带,为郑国谋求一个长期发展的空间。2016年4月16日,李克强总理在清华大学听取"清华简"的最新研究成果汇报时,清华大学出土文献研究与保护中心主任、"清华简"研究团队的李学勤教授提道:"学界一般认为郑桓公早卒,郑国东迁是从第二代国君郑武公开始的,而'清华简'《郑文公问太伯》则明确记载郑桓公时期就已经'获函、訾','克邻',开始东迁启疆的进程。这一记载揭示了两周之际郑国开国的真实面貌,也将为春秋早期历史的研究带来新的突破。"这段话明确说明,郑桓公在世的时候,就已经获得了新郑的大片土地。郑桓公不仅是郑国东迁的擘画者,而且是东迁的执行者。

智,聪明有智慧也。郑桓公在自己封国的发展和安全受到威胁时,果断实施寄孥虢邻、举国东迁的战略抉择,就是睿智的体现。

四、和集周民——和

"和"是认识论的一个概念,也是一种政治智慧和文化精神。"和"是指在大的原则基础上,不同事物的求同存异,和睦相处,和合共生。史料记载,郑桓公曾与太史伯就认识论中"和"与"同"的问题做过探讨,郑桓公赞同太史伯提出的"和实生物,同则不继"的观点,并在治国理政中予以实践,取得显著的施政效果。《史记·郑世家》记述郑桓公"和集周民,周民皆悦,河洛之间,人便思之"。"和集周民",就是郑桓公以和治国、以和治民思想在实践中的反映。他在西周晚期各种阶级矛盾、社会矛盾和王室内部贵族矛盾错综复杂且激烈尖锐的历史背景下,从国家稳定、发展大局出发,求同存异,安抚民众,协调社会各阶层的利益关系,使西周社会的各种矛盾暂时得以缓和,国家机器在严重的政治危机中艰难运行,并获得了西周民众的颂扬。郑桓公以和治国理政,不仅反映了他在认识论上具有古代朴素唯物辩证法的因素,而且也体现了他作为一个政治家所具有的政治智慧、政治风度和道德风范。以和治国理政的思想以及包容万物使其和谐共生的胸襟气度,是郑桓公文化精神中"和"的体现。

五、与商盟誓——信

郑桓公在郑国立国初期,就确立了重商强国战略。为了发展商业,增强国力,

他解放商奴，开放市场，与商人盟誓，成就了中国商业发展史上的一段佳话。文献记载，郑桓公与商人盟誓："尔无我叛，我无强贾，毋或丐夺。尔有利市宝贿，我勿与知。"这实际上是郑桓公代表郑国向商人提出的要求，并做出的承诺，其根本目的是保护商人利益，支持商业发展。郑桓公与商人盟誓，大概类似于今天的商业约定，明确规定了双方的责任义务，是中国商业发展史上的创举。郑桓公在治国实践中，信守承诺，尊重商人的权利，保护商人的利益，赢得了商人的信赖；商人也按盟约规定，守法经营，向国家交纳赋税，双方实现了互赢。周幽王晚期，政治局势恶化，郑国遇到生存安全危机，商人以自身积累的财富，倾力支持郑桓公实施寄孥虢郐、迁国东土的战略转移，大批商人如郑国制造弓弦的弦氏、制造照明用品的烛氏、制造大绳的索氏、制造制绳工具的格氏等，都举家随桓公东迁。从某种意义上说，郑桓公取信于民，才使郑国的商业有了较大的发展。

诚信是为人处世的基本原则，是有德之人的品格。在3 000多年前的上古时期，大概也是如此。郑桓公与商人盟誓，并信守承诺，是他施政和为人的道德风范。从文化精神层面来讲，这所体现的就是一个"信"字。

郑桓公是西周晚期的政治家，他的治国理政思想和文化精神，与周公思想一脉相承，同时具有鲜明的个人色彩和时代特征。"忠、仁、智、和、信"，内涵丰富，既闪耀着中华民族优秀传统文化的光彩，也从侧面展现了郑桓公刚毅、果敢、机敏、仁义、和善、务实等性格特征。

第三节　历史影响

一、西周晚期的政治家

周幽王是西周王朝的亡国之君，他在执政的11年中，排斥贤达，重用奸佞，宠幸褒姒，废立王后和太子，引发诸侯反叛，把西周王朝推向了灭亡的边缘。他重用和依赖的卿大夫有尹吉甫、函皇父、虢石父等人，这些人大都是贪财腐化、拍马逢迎的奸佞之臣。《诗经》中记述了太师尹吉甫荒废政务，任用小人，祸国殃民，却备受周幽王信赖的事。《史记·周本纪》载："幽王以虢石父为卿，用事，国人皆怨。"太史伯认为虢石父是一个善于进谗言，阿谀奉承，巧于媚从之人，却被周王立为王室卿士。《诗经·小雅·十月之交》记述，幽王时，函皇父做了太师，樊氏当了司徒，家伯掌管典籍，仲允做了膳夫，聚子做了内史，蹶父主管马政，楀主管监察，这些奸佞小人都是宠妃褒姒的亲信同党，他们结党营私，围绕在周幽王周围，敛财肥己，祸国乱政。总之，幽王朝少有德才兼备者。奸人当道，朝纲混乱，国无宁日，加之旱灾、地震的发生，使西周王朝内部矛盾尖锐，危机加剧，社会动荡，民不聊生。

周幽王八年（前774），在西周王朝统治难以为继的背景下，郑桓公被周幽王任命为王室司徒，成为西周末期的一位卿士。按西周晚期官制，司徒、司马、司空同为朝廷六卿之一，分别管理三有司。其中，司徒主管国家土地和人民，负责土地的垦辟、井田的划分、奴隶的耕种、诸侯的封疆、徒役的征调、军旅保障以及民众教化等，主要涉及的是经济、民生、社会等关乎国计民生的大事。郑桓公在王朝即将灭亡的前夕，临危受命，在复杂、残酷的政治环境中，排除干扰，发展经济，稳定民心，以维持国家机器的艰难运转。他以"和"治国理政，协调处理社会各阶层的利益关系，缓解社会矛盾；他解放农奴、工奴、商奴，发展农业、手工业和商业；他开垦荒地，扩大私田，实行实物地租，调动劳动者的生产积极性；他以行政手段，组织赈灾救助，减轻赋税，解决民众的生计问题，取得了一定的施政效果，赢得了民众的拥护和称颂。《史记·郑世家》曰："幽王以为司徒。和集周民，周民皆悦，河洛之间，人便思之。"《诗序》也记载："父子并为周司徒，善于其职，国人宜之，故美其德，以明有国善善之功焉。"《毛诗正义》曰："父谓武公父桓公也。司徒之职，掌十二教。善善者，治之有功也。郑国之人皆谓桓公、武公居司徒之官正得其宜。"郑桓公任职司徒时间仅3年有余，虽无力挽救西周王朝的灭亡，但仍尽心竭力，为国为民做了大量有益的事情，为发展经济、缓解社会各种矛盾、减轻民众疾苦、稳定民心做出了贡献。他执政期间，成为周幽王时期唯一可以称颂的"仁政""善政"，也成就了他在西周晚期历史上政治家的地位。

二、郑国的缔造者和东迁的奠基人

周宣王二十二年（前806），郑桓公被封于郑，成为郑国的开国之君，政绩丰著，受到郑人拥戴，史籍多有赞美。

周幽王九年（前773），西周王朝内外交困，危机四伏，宗周王畿内因自然和政治因素影响，经济凋敝，又不时遭受犬戎侵扰，安全威胁日益增大。郑桓公预见到西周王朝即将覆亡，即和太史伯就郑国的安全和去向做了深入探讨，确定了郑国东迁河洛之间的决策。后经周幽王同意，郑桓公在郑国商人的帮助下，他先将自己的家室、亲族、财货以及工商业者迁往洛邑以东虢、郐两国献出的十邑之地，这就是历史上所说的郑桓公寄孥虢郐。郑桓公以一个政治家的远见卓识，在政治风暴来临之前，为郑国开辟了一块避难之地，使郑国免受灭顶之灾，其东迁战略的制定与实施，是郑桓公政治生涯中最浓墨重彩的一笔。

周平王二年（前769），郑武公掘突实施其父郑桓公生前谋划，将郑国举国迁至洛邑以东的虢、郐十邑之地，落地生根，苦心经营，后在溱洧之间，重新再建郑国，成为历史上的新郑国。郑武公、郑庄公父子两代先后任东周王室司徒，先后灭郐、虢两国，并兼并周边小国，使新郑国疆域不断扩大。他们在新郑国执政期间，

开郑始祖郑桓公

继承先祖郑桓公的治国思想,实施各项政策:以商强国,释放商奴,发展工商业;开发滩涂,发展农桑,改善民生;兴建乡校,以德教化民众,广集民意、民智、民力;扩建城邑,强化军事防御。这一系列方略使新郑国的国力不断增强,在几十年间,新郑国由一个地方小国一跃成为东周举足轻重的强大的诸侯国。西周时期,因自然状况和战争原因,一个部落、一个部族整体迁徙的情况并不少见。但一个诸侯国,举国成功东迁,并发展为一个强国,却是绝无仅有的。新郑国的东迁和重建,其肇端就是郑桓公寄孥虢郐。

郑桓公的重商思想和诚信精神,也深刻影响着新郑国的发展。郑桓公死后200年左右,郑国出现了一个被后人誉为千古名相的人,名子产,他是郑桓公的后裔。他秉承郑桓公诚信精神,化解了郑国与晋国的关系危机,维护了郑国的尊严和安全。《左传·昭公十六年》记载了这样一个故事:晋国韩宣子有一只玉环,与其配对的另一只玉环在郑国商人手里。韩宣子向郑定公请求得到那只玉环,相国子产不同意给并称:"这不是国家府库中保存的器物,我们国君不知道玉环是谁的,在什么地方。"子大叔、子羽对子产说:"韩宣子也没有太多的要求,我们不给人家玉环,如果恰好有说坏话的人在两国之间挑拨,从而激起晋国以及韩宣子的凶心、怒气,后悔还来得及吗?您为什么爱惜一个玉环,这会招来大国的憎恨啊,何不找来给他呢?"子产说:"我听说君子忧虑的不是没有财物,而是身居官位却没有好的名声。我又听说治理国家的忧虑不是能否侍奉大国,而是有无礼仪来安定它们的地位。那些大国的人,如果他们的要求都被满足,那将要用多少东西来供给他们?有时供给了,有时又难于供给,这样得到的罪过则更大。对于大国的要求,如果不依礼指责他们,他们哪里会有满足的时候?我们如果做了他们的边境城邑,那就失去了作为一个国家的地位。如果韩宣子命使者来求取玉环,他就过于贪婪了。"韩宣子只好向商人购买玉环,商人却坚持说:"一定要告诉君大夫。"韩宣子听后很生气,就质问子产说:"不久前我请求得到那只玉环,你们执政者认为不合道义,没有敢再求。现在从商人那里买到了,商人说,一定要让你知道这件事。谨以此作为我的请求。"子产回答说:"从前我们先君桓公和商人都是从周地迁移过来的,共同协作来清除这块土地,砍去野草杂木,开垦土地,一道居住在这里,世世代代都要遵从以前的盟誓,互相信赖。盟誓说:'你不背叛我,我不强行买你的东西,你们有了市场利润赚了钱,你们有珍贵的财物,我不需要知道,你们自己拥有就行了。'依靠这个盟誓,政商能互相支持直到今天。现在您带着友好来敝邑访问,却要求敝邑强夺商人的东西,这是让敝邑背弃盟誓,恐怕不可以吧!您一定不会做得到玉环却失去诸侯信任的事的。如果大国发布命令而要求供给的东西没极限,我们郑国虽是边远小国,但也是不会答应的。我如果献上玉环,不知道根据是什么,那

第二章 郑桓公思想文化及历史影响

如何可行呢?"韩宣子退回玉环,说:"我韩起虽然不聪明,但怎么敢为求取玉环而招致罪过。谨请退回它。"子产以先祖郑桓公与商盟誓守信的礼仪说服了韩宣子,维护了郑国的尊严。

新郑国处于中原的中心,发展商业占尽天时、地利,加之郑国历代国君信奉先君商业立国思想和政商盟誓精神,坚持政商平等。因此,郑国商业繁荣,政商关系和谐稳定,成为当时东周社会的一个商贸中心。同时,郑桓公的商业诚信精神,也激发了郑国商人的爱国情怀。《左传·僖公三十三年》记载,秦国军队越过周国准备去偷袭郑国,被郑国以贩牛为业的商人弦高发现。他一面派人星夜赶回郑国报告消息,一面以郑国国君的名义,向秦军献上12头牛和4张熟牛皮,并说是郑国国君派他来问候秦军的。秦国军队以为郑国对秦国的突袭早已知情并做好了准备,就放弃了这次偷袭计划。弦高的爱国与机智使郑国避免了一次灾难,他舍财舍命救郑国的故事,从此流传于世,为后人所称道。中国历史上爱国商人的形象就是从郑国商人弦高开始形成的。

新郑国在郑武公、郑庄公以及后世历代国君的治理下不断发展,在春秋诸侯争霸中取得了一定地位,但终因身处中原四战之地,在齐、晋、楚等大国夹缝中艰难生存,长期遭受大国争霸的牵累,于公元前375年为韩国所灭。新郑国从公元前769年立国,至公元前375年灭亡,存续394年,且是郑国前37年历史的延续。这一切的基础是郑桓公成功寄孥虢郐。郑桓公作为郑国东迁的奠基人,其历史贡献可谓大矣。

三、中华郑氏的开姓祖

公元前375年,郑国为韩国所灭,郑桓公遗族散居于陈(今河南省淮阳县)、宋(今河南省商丘市)一带,因故国情怀,遗族遂以国为氏,是为郑氏,并尊郑桓公为其始祖。2 000多年来,桓公后裔受政治、经济、生存环境等因素的影响,不断迁徙,居住地遍及中国各地乃至海外,至今已繁衍发展成为具有近2 000万人口的大姓,成为中华民族大家庭中的重要组成部分。2 000多年来,中华郑氏宗族在郑桓公思想文化的影响下,开拓进取,自强不息,为中华民族政治、经济、文化等方面的发展做出了贡献,并形成了爱国爱族、敬祖睦亲、勤奋务实、重视工商、乐善好施、公义善行的郑氏文化传统。春秋时的政治家、法家先驱子产,战国时的水利工程专家郑国,汉代经学大师郑玄,宋代史学大家郑樵,收复台湾的民族英雄郑成功,清代关注百姓疾苦的著名书法家郑板桥等都是中国历史上郑桓公思想文化的优秀传承人,是郑氏历代精英的杰出代表。"荥阳堂""江南义门"等是弘扬郑桓公思想文化,享誉海内外的郑氏家族文化群体。特别是浙江"江南义门",以德、礼、孝治家,薪火相传300余年,形成168条家规,其文化传统至今不衰,成为当今

开郑始祖郑桓公

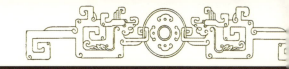

的廉政教育基地。

郑桓公重视商业，以商立国的思想塑造了"郑人好商"的文化传统。郑人以勤奋、智慧、诚信经营工商业，在中国古代工商业领域中具有重要影响。宁波帮是中国近代五大商帮之一，而宁波郑氏十七房就是宁波帮的一个重要支派。据十七房郑氏宗族家谱记载，他们是郑国第一代国君郑桓公的嫡传后裔。五代时，由于社会动荡，战争频繁，郑氏一族三次举族南下。清光绪郑氏族谱《郑传笈朱卷》载，郑氏一支"宋南渡迁居灵绪乡择山之阳塘路沿定居下来，称路沿郑。传六世之后，分居十七房"，灵绪乡在今浙江省宁波市镇海区澥浦一带。这一支历经700多年的发展，形成了家族式的商帮群体。

浙江省宁波市镇海区有很多规模较大的商人集居地，但要数历史最悠久，时间延续最长，集居地民宅建筑最多、规模最大、气势最雄伟者，非郑氏十七房莫属，它是中国现存规模最大的明清古村落之一。规模如此之大的建筑群，不是靠做官，而是靠十七房人一代又一代外出经商积累财富修筑而成。在近代宁波帮早期商人中，没有一个氏族商帮集团可与郑氏十七房比肩。上海开埠之初，十七房郑氏商人就来到上海，经营商业。据传当今上海这座城市至少有300多万甬人（宁波人）后裔，甬人可以说是上海最大的移民群体，且这与郑氏十七房商人最早来上海经商有很大关系。上海当地人对外来的宁波人礼貌相待，宁波人虽然在清明节成群结队地到宁波扫墓，但其思想文化早已完全融入上海，已成为地道的上海人。在上海这座商业大都市的形成与发展过程中，宁波郑氏十七房商人功不可没。

民国时的咸林中学东大门

《宁波帮研究》载，宁波商帮萌芽时期最早的商人，是镇海郑氏十七房的郑世昌(1664—1728)。他早年承父命外出经商，康熙年间即在北京东四大街开设四恒银号(即恒兴、恒利、恒和、恒源)，在北京商界拥有举足轻重的地位。1900年"庚子国难"时，开设已200余年的四恒银号因严重受损而歇业，直接影响了数十万北京官员百姓的生活。从康熙年间到光绪中期，郑氏十七房共有六支经商团队，形成了郑氏一族的庞大商业队伍。其中，镇海十七房人郑熙1848年在上海创办的"凤祥银楼"，经久不衰，现已发展成为集科工贸于一体的中国500强企业；郑勋在近代上海首开宁波帮最早的钱庄业，其业"筹算屡中"，后来"生计益饶"，成为宁波钱庄业的巨头，"屹然为甬江之砥柱二十年"；晚清最大的全盛源记民信业创办人郑景丰，1852年在宁波创办民信局，设总号于上海，在宁波、绍兴、杭州等地广设分局，在国内民信局中最有威望、最具影响力，当时在上海等地的老百姓中流传着这样一句话："天下之人，无不知全盛，无不信全盛"，可见全盛民信局在当时拥有的巨大影响力；郑方正与奉化郑源兴1916年在上海合办承余蛋行，以后扩建为茂昌蛋品公司、茂昌冷藏公司，规模为国内蛋业之首，是中国第一家大型冷藏企业，拥有多艘承载2 000吨重量的远洋货轮，用于国际贸易。

据《澥浦郑氏宗谱》载，清代郑氏十七房人中，有30多人先后捐资公益事业或出钱买官，获得的最高品衔为正二品，比杭州胡雪岩获衔还早14年。有了官方背景的保护，郑氏十七房人在清代，过着太平的生活。郑氏十七房村的古建筑与杭州"胡雪岩故居"相比，其建筑面积是胡雪岩故居的好几倍，最多时聚居近千家郑氏后裔，且700余年来得到了良好的保护，今已成为著名的旅游景点。

郑桓公重视发展商业，与商盟誓、政商平等的思想文化，历经几千年的风风雨雨，依然影响到其子孙后代。随着历史的变迁，现代郑氏宗族工商巨子不断涌现，特别是改革开放以来，广东、福建、浙江、江苏、四川、贵州等地的郑氏工商精英迅速崛起，在国内外市场上拼搏奋斗，纵横驰骋，成为郑氏家族工商群体的优秀代表。他们热爱中华，承担大义，为国家和地方的经济社会发展做出了一定贡献。

四、华州历史上行政区域的开拓者

明《华州志》、清《续华州志》和《华县志》等华州地方志书显示，在漫漫历史长河中，华州出现的第一个有名的历史人物，就是西周晚期的郑桓公。他于公元前806年，被周宣王封于郑，也就是今天的渭南市华州区，始建郑国，成为郑国第一代国君。他在位执政33年，带领郑国庶民百姓垦荒拓土，从事农耕，发展工商业，治水修路，建造村邑民舍，兴修乡校，传播文化，奠定了郑国政治、经济、文化和社会习俗的基础。在华州境域的历史上，西周早期可能出现过彤国这一地域名

桓公大街

开郑始祖郑桓公

古郑路

称,但因记载过于模糊不清,难以判定。因此,就目前我们所涉猎的史料来看,郑国是华州境域历史上第一个可以明确确定的类似于地方政权的名称,郑桓公也自然成为华州历史上的首位地方最高行政长官。他在郑国拓境保民,治理有方,深得郑国百姓的拥戴,他的功绩除被载入《史记》等历史文献之外,也被《华州志》《续华州志》《华县志》等历代地方志书所记载和赞颂。华州历代文人对郑桓公开疆拓土、治国理政多怀有崇敬之情,多有题咏。明代张光孝《重建少华岳庙碑》颂曰:"古郑之壤,周桓倚泽。"郭性之《创造学田记》曰:"自郑桓崛兴,士风增辉华渭。"清初潼关进士杨端本在文章中曾言:"棫林文藻风翩翩,卓然郑社推名贤。"清代潼关士人杨维谦在拜谒郑桓公墓后,曾为其题诗:"大厦将倾国步艰,眼看禾黍日屡屡。蓄成数代擎天手,莫讶孥留虢鄐间。"郑桓公在骊山为国捐躯后葬于郑国境内(今陕西省渭南市华州区西关街),他的陵墓2 000多年来,受到华州历代地方官员和百姓的保护,留存至今。郑桓公在明清之时就被供奉到华州文庙内的名宦祠和乡贤祠,常年接受华州官民士人的祭祀和追念。1994年,华县成立"郑桓公研究会",开展对华县首位历史名人郑桓公的研究,并形成《郑桓公与陕西华县》等一批研究成果。拾村里、桓公乡、王宿镇、棫林中学、桓公大街、古郑路、郑桓公陵园等一批具有郑国、郑桓公历史文化元素的地域名称,依然存在于今天华州人的记忆和现实生活中。在华州,有关郑桓公的传说丰富多彩,几千年来在民间广泛传播。

郑桓公是华州境域首位重要的政治历史人物,他的思想文化是华州地域文化的重要源头之一。至今,郑桓公的思想文化仍然影响着华州的经济、社会和文化,他爱国爱民、勤政务实的思想观念和忠孝、仁慈、诚信的道德风范,已成为华州人文精神的核心。华州境内少华山摩崖石刻诗曰:"少华苍苍,渭水泱泱;君子之风,与之久长。"华州人的君子之风,大概就源自2 800年前的郑桓公。

开郑始祖郑桓公

第三章

郑桓公墓及陵园

开郑始祖郑桓公

第一节 郑桓公墓

一、葬身故国

周幽王十一年（前771），西北犬戎部族围攻西周都城镐京，周幽王出逃，又被犬戎围杀于骊山之下，郑桓公遇难，为国捐躯。战争结束后，郑国勤王军士在战场上将桓公尸体找到后运回故国，安葬于郑国南山北麓一带的高地上，也就是今天渭南市华州区西关街路南一带。对于郑桓公的葬身之地，三国曹魏时期成书的《皇览》曾明确记载，

叶落故土

"桓公葬在郑县蕃"。清代《关中胜迹图志》在转引这一资料时，认为"番"即"蕃"，为地名。西晋学者阚骃认为"蕃"在郑县之西。也就是说，郑桓公墓在郑县西部一个叫蕃的地方。吕思勉在《中国的历史》"商代的政权"一章中，也讲到"蕃"这个地方，他引用《史记》《世本》等文献内容并认为商代的始祖名契，初封于商，即今陕西省商洛市商州区，后居于蕃，蕃就在今陕西省渭南市华州区附近。明代《华州志》是陕西八大名志之一，可信度甚高，与之后的《续华州志》《再续华州志》等地方志书都曾记载郑桓公墓在华州（华县）西关街路南。需要说明的是，公元前769年，郑武公将郑国东迁洛邑以东虢郐之间后，古郑地先后为犬戎、秦所有，秦武公十一年（前687），秦在古郑地设郑县，郑县在历代依次改称华州、华县。上述文献关于墓址位置的记载与志书记载郑桓公墓在"郑县蕃""郑县之西""州西关路南""县城西关螺钉厂院内"等是一致的，且2 000多年来从未变动。

二、墓冢形制及"风水之说"

西周时期，由于周公"制礼作乐"，包括丧葬在内的各种礼仪制度已经完备成型，并予以施行。西周末期，郑桓公任职王室司徒，带兵勤王，阵亡于疆场。其时，郑国的执政者是郑桓公的儿子郑武公，尽管当时的政治局势复杂纷乱，但他还是按周代丧葬礼俗将父亲安葬在郑国南山北麓的一处高地上。

郑国的国都在拾，郑武公为什么要将其父葬于拾西南数十里之外的南山北麓一

第二章 郑桓公墓及陵园

带呢？后世古郑百姓对此多有不解，出于对故国国君的追念之情，他们创造了一个"战马驮尸"的传说。其大意如下：郑桓公是上天赐予西周的一个治世能人，专为郑人造福谋利。他的战马也是一匹神马，通晓人意，富有灵性，对主人勤勤恳恳，忠心耿耿。郑桓公在骊山与犬戎作战阵亡后，战马一直守护着主人的尸体，不肯离去。作战结束后，它就驮着主人尸体东行向郑国而来。老马识途，当行至郑国南山北麓一处高地时，就势卧地，让主人尸体从其背部滑落下来。郑桓公在郑国治国有方，深受百姓爱戴，当百姓看到自己崇敬的国君的尸体被马驮回郑国故里时，他们十分悲痛。百姓中有高人指点说："我们的国君，为保大周捐躯尽忠，今日马驮尸还，落于此处，这是上天的安排啊！这里南依大山，北瞰渭水，左右河流潆洄，中间平阔，是一块吉地。我们应遵从天意，将我们的国君就地安葬吧，让其灵魂永久地佑我郑人。"于是，众人便按此人所说，埋葬了郑桓公，并备齐祭品，在墓前隆重奠祭。战马看主人已归土为安，便绕墓一周，向西而去，不知归于何处。传说不是历史事实，多有虚妄怪诞之言，但其中提到的"风水之说"，或许是郑桓公葬于此地的原因。

"风水之说"，亦称堪舆，是指住宅地、坟地所处位置的地形地势、日照风向、地质水文、山川河流走向等自然因素综合评判所形成的一种意识观念，是古代天人合一、顺应自然思想的一种反映。风水学起源于人类早期的择地而居，成熟于秦汉之际，是中国古代盛行的一种思想文化，迷信色彩浓厚，其认为风水的好坏，可以影响到家庭及子孙的盛衰吉凶。当然，在科学技术发达的今天，作为封建迷信的风水学已逐渐被大家摒弃，但在古代，即使是普通人，在筑屋建坟前都要找人看风水。

华州地处陕西关中平原东部，南依秦岭，北临渭水，地势南高北低，山、川、塬、滩皆有。明代《华州志》曰："华州山川形胜，凡山原在在占之封丘。历周、秦、汉、唐帝王之久，乃侯、王、将、相数数化生。"意思是说，华州山川地势壮美，周秦汉唐等历代王侯将相常常把这里的山原之处作为归葬之地。从当地古墓葬的考古发掘和被盗掘实况来看，在华州秦岭北麓至西潼公路以南的台地以及西南台塬地区确实散布着大量商、周、春秋和秦代的古墓葬。

西周时期，"风水之说"可能已经兴起。《诗经·大雅·公刘》曰："既溥既长，既景乃冈，相其阴阳，观其流泉。"风水学中的阴阳一词就已出现。郑武公及郑国官员百姓，在为开郑国君选择墓址时，不能不考虑这一因素。再说，国都拾一带地势低平，易受水渍的影响，墓址选在高阜之上，是基本常识。史学家吕思勉在《中国通史》一书中说："贵族则以中田为不安，而求葬于高燥之处。《吕览》谓'葬必于高陵之上，以避狐狸之患，水泉之湿'是也。"因此，将郑桓公墓址择于

开郑始祖郑桓公

距国都西南数十里之外的南山北麓一处高地上,便可以理解了,此处可谓占尽山川之胜。华州当地知名学者闫涛在《郑桓公陵园碑记》中有"公之陵第,当为高人所择,南承龙山脉瑞,北接渭川援给,东赖河岳庇佑,西系畿内族亲,泽被后世,流芳千秋"之语,把桓公墓地放在南秦岭、北渭水、东河岳、西长安这个大的地理环境中述说,洋洋洒洒,对山川河流之胜描述得淋漓尽致。不过,此地在历经近3 000年的沧桑,特别是遭遇1556年明代华州大地震后,其地形地势发生了巨大的变化,北部平原抬升,墓地一带凹陷。所以在今天看来,此处似乎已经不是高地了。

郑桓公墓是距今约2 800年的西周古墓葬,关于其原始面貌、地下墓室形状结构及布局,今天我们已无从知晓,只能通过一些资料和西周古墓葬的发掘实况进行推测。

中国古代的丧葬制度由来已久,可能早在新石器时代就已发端。受"灵魂不灭"观念的影响,人们对死者在阴间的衣食住行皆有安排,在墓室、棺椁中,生活用品和生产工具等随葬品逐渐开始出现。《周易》言:"古之葬者,厚衣之以薪,葬之中野,不封不树。"这里所说的"不封不树",指的是古时墓葬的室内为竖穴土圹式,墓葬的地面不堆土丘,不种树以设标志。"不封不树"可能是春秋中期以前的一种丧葬习俗。夏商周时期,是中国历史上的奴隶制阶段,"灵魂不灭"的观念盛行,出现了中国古代厚葬之风的第一次高潮,虽然仍为竖穴土圹式,地面"不封不树",但墓地的规模、墓室的形状、棺椁的数量及随葬品等较之前有了新的发展。大中型奴隶主贵族墓室有方形、长方形、中字形、甲字形、亚字形等多种形状,墓道也开始出现,特别是为了侍奉死者,子孙除为其随葬大量精美玉器、青铜礼器外,还让活人奴隶殉葬。商代惨无人道,奴隶殉葬现象十分严重。周代重农,重视奴隶在生产中的使用价值,中后期活人奴隶殉葬现象逐渐减少,遂以草人代替。但周代等级观念严重,丧葬实行列鼎和棺椁制度。所谓列鼎制,是指以鼎、簋两种青铜器配套组合,鼎为奇数,簋为偶数,形成的一种随葬品制度。一般讲,天子享用九鼎八簋,诸侯七鼎六簋,大夫五鼎四簋,士三鼎二簋。如果超越这一礼制,则为"非礼"。吕思勉《中国通史》就认为,"周代的丧葬礼俗也很有特色……贵族入葬时,都有大量的陪葬品。殉葬品多少依死者的身份而定",以礼器中的鼎为例,天子九鼎,诸侯七鼎,元士三鼎,不得逾越。刘泽华《中国古代史》也认为,"丧礼经长时期演变,到西周时日趋复杂……棺椁依身份有明确规定,天子九重棺椁,诸侯五重,大夫三重,庶人有棺而无椁,在葬埋的时间、方位等方面也依礼而有身份地位的区别"。

奴隶制社会是等级社会,贵族、平民和奴隶在丧葬礼制中有严格区分。奴隶主贵族死后,有棺有椁,有供死者享用的食物、车马以及象征身份地位的青铜礼器,

第三章 郑桓公墓及陵园

如鼎、簋、鬲、尊、盘等；一般平民有棺无椁，或无棺无椁，陪葬品仅有一些食物、陶器等。奴隶生前如同供奴隶主驱使的牲畜，死后暴尸荒野或草草掩埋；有些奴隶还要成为殉葬品，被活埋于墓内，陪主人死去。张捷夫在《丧葬史话》一书中说："西周丧葬是比较俭朴的。丰京、镐京分别是周文王、周武王时期的都邑，但历年来这里发掘的三四万座西周墓葬也全是土坑竖穴墓，没见一座带墓道的大墓，陪葬物品绝大多数是陶器，只有少数墓葬有少量铜器。"华州当地古墓葬发掘实况与张捷夫的观点相似。2001年4月以后，陕西省考古研究所连续三次对原华县东阳（今渭南市华州区高塘镇内）商、周、春秋战国、秦古墓群进行发掘，从已发掘的近60座古墓葬来看，全为竖穴式墓，陪葬物除商末周初有殉人、铜鱼装饰葬棺和"凸"字形车马坑外，其余墓葬的陪葬品多为陶器和蚌质、青铜等饰件，有墓道的大墓和陪葬品中有青铜大器的豪华墓葬尚未发现。华县东阳古墓群似乎涉及西周下层贵族及平民更多一些。

郑桓公生前是王室贵族、诸侯国君、王朝司徒，被赐伯爵，身份尊贵。根据西周丧葬礼俗，郑桓公亡故后，必然依照周代贵族丧礼制度进行隆重安葬，墓地面积应较大，墓葬地面无封无树，无建筑物，墓内应呈竖穴土圹式，有墓道。至于是否享用五重棺椁，陪葬礼器是否为七鼎六簋，虽不敢断言，但陪葬品较普通墓葬多，应是毋庸置疑的。

三、桓公墓的千年沧桑

如上所述，郑桓公亡故于西周末期，其墓应遵循当时葬制，既无坟丘，又无树木，更无地面建筑物。郑桓公墓在无任何标志的环境中，默默无闻地存在了数百年。之后随着丧葬习俗的演变，后人相继为其封丘种树，建祠筑坊立碑，形成墓园。2000多年来，桓公墓虽历经风雨侵蚀和人为毁坏，但在地方官民及桓公后裔的保护下，顽强地留存下来，成为西周诸侯墓葬的一个奇迹。

在现代汉语中，坟与墓合用为一词，是指埋葬死人的穴和坟头。但在古代，坟与墓是两个不同的概念，墓是埋葬死者的场所，指平处；坟是墓上堆高的土丘，为高处，并且墓的出现要比坟早得多，在相当长的时期内，墓上是没有土丘的，就是说墓上是没有坟的。《礼记·檀弓上》曰："古也墓而不坟。"郑玄对这句话的解释是："墓谓兆域，今之封茔也。……土之高者曰坟。"《周易·系辞下》也讲，上古的墓"不封不树"，就是葬地不起坟，也不种树以设标志。这种丧葬风俗，即使在当时的最高统治者中也不例外。东汉崔寔在《政论》一书中说："古者墓而不坟，文、武之兆，与平地齐。"什么时候出现坟呢？据文献记载，坟在中原地区出现，大概已到春秋中期。《礼记·檀弓上》曾记载，孔子幼年丧父，长大后不知父亲葬在哪里，后经多方寻找才找到。他慨叹地说："古也墓而不坟，今丘也，东西

南北之人,也不可以弗识也。"于是,在父亲的墓上堆起四尺高的坟丘作为标记。孔子死后,其墓上也起了坟堆。由于墓上有土丘利于辨认,之后人们纷纷效仿,使原来的"不封不树"变为"又封又树",坟头的高低大小及树木的多少也成为死者身份的一个标志。《周礼》即谓"以爵等为丘封之度与其树数","尊者丘高而树多,卑者封下而树少"。到秦汉时期,帝王贵族墓葬依山而建,"丘垅必巨",高大若山,种树若林,且已制度化。如秦始皇陵依骊山而建;西汉共11位皇帝,有9位葬于长安西北的咸阳北原,2位分别葬于长安东南的白鹿原和杜东原,皆规模宏大。上层贵族的丧葬习俗进而影响了整个社会的丧葬习俗,起坟种树在民间也广为传播,终成风俗。

根据古代丧葬习俗的演变,我们可以大胆推测,郑桓公墓在经历数百年的不封不树后,大约至汉代,郑县的官民或郑桓公后裔为追忆郑桓公,可能在郑桓公墓上堆土起坟。从此,桓公墓引起了社会的关注,以至到三国曹魏时,为《皇览》一书所记载,才留下了"桓公墓在郑县番"的历史记录。

之后,桓公墓地进一步扩大,建筑不断完善。人们在桓公墓周围,依制建起祠堂、厢房和石牌坊。华州地方志书记载,桓公墓园的建筑物最晚在明代就已出现,并受自然、政治、社会等因素的影响,出现了多次严重的损毁,但华州官员及桓公后裔坚持不懈,屡毁屡建,竭力保护,并将桓公神主牌位安放在华州文庙名宦祠和乡贤祠内,常年祭祀。

《续华州志》载:"周郑桓公墓,在州西关路南,旧有坊……题'周宗忠贤'。墓后有祠三楹。"明嘉靖三十四年腊月(1556年1月),陕西关中发生了8.3级特大地震,位于震中的华州山川变易,地面建筑物坍塌殆尽,境内"堵无尺竖",桓公墓园的牌坊祠堂毁于一旦。10多年后的明万历年间,桓公后裔、甘肃巩昌知府、河北魏县人郑国仕在迁任浙江道监察御史路过华州时,看到郑氏太祖墓园一片残垣断壁,破败不堪,便请华州官员协助,自己捐资修缮墓园,复建祠坊,并将原牌坊题刻的"缁衣遗爱",改为"周宗忠贤",镌刻在新修的牌坊门额上。明天启末年,桓公墓园已有面积不小的田产,主要用于墓园及守墓人的支出用度,但华州知州冯甲弟因府衙财政拮据,便强令将桓公墓园的田产及祠堂拆除变卖。直至清代,拆除的祠堂才进行重建。

清同治元年(1862),华州及渭北一带爆发回民起义,回民在华州境内到处烧杀,庙宇民房尽成焦土,无一椽留下,桓公祠再次被毁。

进入民国时期,桓公墓"仅余土冢,旁有大树一"(顾熠山《重修华县县志

第三章 郑桓公墓及陵园

稿》）。民国二十五年（1936），华县县长吴至恭目睹桓公墓地凄凉状况，便令本地桓公姬、段姓后裔筑围墙，立石碑，以表忠烈。据耆老相传，修缮后的墓冢很大，前有墓碑、石坊，周围筑有围墙，园内柏竹成林，荫

民国时期的郑桓公墓

翳蔽日，地方之人在内公演大戏，观者成百上千。抗战初期，日军飞机轰炸华州，附近百姓皆入园内躲避。抗战胜利后，墓园及林木又遭到华县国民党驻军的破坏，仅留孤坟。据西关街桓公墓附近多位老人回忆，孤坟面北偏西，坟前有墓碑，上刻"周·郑桓公之墓"，墓旁有一棵大槐树。

桓公墓2 000多年来遭遇的灾难远不止于此。华州处在长安至洛阳的交通主干道上，秦汉以来，已沦为关中东部的战场，屡受兵燹之苦，桓公墓紧邻官道，自然成为被祸害的重点区域，难逃被破坏和盗掘的命运。关于桓公墓内的陪葬品，我们不得其详，但即使有，可能也早已被洗劫一空。

1949年中华人民共和国成立后，桓公墓得到华县地方政府的有效保护。1957年5月31日，陕西省人民委员会将郑桓公墓列为陕西省第二批名胜古迹重点文物保护单位，编号为69号。1966年"文革"开始后，桓公墓又遭到红卫兵的破坏。之后，华县先后在墓区周围建设竹艺厂、棉织厂、螺钉厂，使墓冢与厂房及职工宿舍杂处一地。1975年至1982年间，桓公墓在螺钉厂的建设过程中

1990年时的桓公墓

开郑始祖郑桓公

被不断破坏,最后被夷为平地。1988年陕西省进行文物普查时,发现桓公墓已不存在,后在陕西省文物部门的干预下,该厂在厂区西北角草草堆了一个土堆,以还原桓公墓。2003年,陕西省文物局专项拨款,华县文物管理委员会与华县螺钉厂将土堆四周用砖砌封,顶部用水泥抹盖,形成了一个高2.1米、周长10米的墓冢。2008年9月16日,陕西省人民政府重新公布郑桓公墓为省级重点文物保护单位。2009年,在全国各地郑桓公后裔的呼吁下,桓公墓迎来了历史性变化,郑桓公陵园文化广场建设项目正式启动。陵园修缮管理委员会就桓公墓的原址展开严密调查和取证,在10多位历史见证人的共同回忆和现场指认下,桓公墓的历史原位得到确定,为之后桓公墓修缮建设奠定了基础。

第二节　郑桓公陵园

郑桓公陵园,又称郑桓公陵园文化广场,是由一批当代郑氏精英发起,郑桓公陵园修缮委员会(以下简称修缮管理委员会)组织实施,世界各地郑氏宗亲勠力同心慷慨捐资,在渭南市华州区(原华县)地方政府和社会各界的大力支持和协助下,建设的一个光耀千秋、永载史册的德政工程。郑桓公陵园的建成,改变了具有2 700多年历史的郑桓公墓长期以来孤寂落寞的状况,为华夏郑氏宗亲打造了一方追根拜祖和寄托家族情感的精神家园,为华州地方新增了一个新的文化旅游景点。

一、陵园建设始末

(一)发起运作

2004年9月4日,中国郑氏宗亲总会(以下简称中郑总会,在中国香港注册)和郑氏历史文化研究会在河南省新密市共同举办纪念郑氏三世祖郑庄公诞辰2 760周年暨郑庄公陵园建设奠基大会,中郑总会董事局主席郑世进在大会上发出调查陕西华县郑氏一世祖郑桓公墓现状、准备修建郑桓公陵园的倡议。同年11月,西安弘扬生物有限公司郑芳颖受中郑总会和台湾世界郑氏宗亲总会(以下简称台湾世郑总会)的委托,同陕西省人民代表大会常务委员会办公室人员郑凤祥到陕西华县,与华县

第三章 郑桓公墓及陵园

文物管理委员会主任李位安座谈,就郑桓公墓的历史与现状进行了调查和了解,并将调查结果向委托方做了反馈。

2005年11月29日,中郑总会常务副会长郑昭濂,广东郑敏昌,甘肃郑懋勇,浙江郑为理,江西郑佳斌,陕西郑凤祥、郑芳颖、张云峰等8人,到陕西华县探祭郑桓公墓,筹划修缮工作。同年12月18日,中郑总会给陕西省郑桓公历史文化研究会主任郑懋勇,副主任郑敏昌、张云峰、郑芳颖发出委托书,委托其赴陕西省文物局、陕西省委宣传部、陕西省委统一战线工作部等部门,联系处理郑桓公墓的修缮事宜。半个月后,即2006年1月5日,台湾世郑总会执行长郑万进给郑懋勇等发出信函,委托其办理桓公墓的修缮手续。

2008年5月,台湾工党主席、两岸关系发展促进会理事长郑昭明,在河南省荥阳市郑氏名人苑兴建委员会秘书长郑朝增陪同下来华县祭祖后,向陕西省人民政府台湾事务办公室致函,申请在华县举办祭祖活动,得到了陕西省人民政府台湾事务办公室和华县人民政府的同意。5月15日,华县县委统一战线工作部下发〔2008〕7号文件,批准成立"华县郑桓公陵园管理委员会""世界郑氏宗亲华县祭祖大会组织委员会"。后郑朝增等人在华县西关街选定办公地址,开始筹备工作。6月,台湾郑昭明、河南郑朝增、海南郑城等先后赴江苏、陕西、海南、广东、广西等地,拜访在社会上有杰出贡献和有影响力的郑氏之人,征询其对修缮郑桓公陵园的意见,并寻求支持和帮助。11月11日,"中国·华县郑桓公源流文化研究会暨世界郑氏华县祭祖联谊会"在西安曲江国际饭店召开。郑鸿业、郑新立、郑增茂、郑德义等亲临大会指导;北京刘锡荣,台湾郑昭明,香港郑鸿根,河南郑宝贵、郑朝增,海南郑城,福建郑庆模,浙江郑明楠、郑为理,美国福建同乡会会长郑棋等300多位郑氏宗亲出席,并发出修缮郑桓公陵园的倡议。12月6日,世界郑氏宗亲联谊总会(以下简称世郑总会,在中国香港注册)主席郑世进率总会主要领导郑汉木、郑少忠、郑文章、郑洽桐、郑国彬、郑壮林、郑思涯等来华县祭祖后,与时任华县县长杨森明、对外贸易经济合作局局长刘毓斌座谈,协商修建郑桓公陵园事宜。

2009年3月21日,世郑总会主席郑世进、郑庆模在深圳召开的"世界郑氏宗亲首届恳亲大会"上,号召到会的世界各地138个郑氏代表团、2 380多名代表,携手一心,捐资完成修缮始祖郑桓公陵园的历史使命。时任华县县长杨森明、副县长康彦虎、对外贸易经济合作局局长刘毓斌应邀观摩会议。在一批郑氏精英4年多的奔走呼吁、联络和推动下,聚世界各地郑氏宗亲之力修建太始祖郑桓公陵园的动议和号召,在全球郑氏宗亲范围内引起共鸣并形成共识,亦得到华县地方政府的认同和支持。

(二)管理机构的建立及变化

2009年4月25日,郑桓公陵园管理委员会筹备会暨北京郑氏高端论坛会在北京市

开郑始祖郑桓公

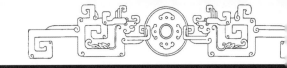

建国饭店召开。北京郑鸿业、郑新立、郑祥永、郑伟达、张建勋,台湾郑昭明,广西郑玉文、郑玉民、郑琦,浙江郑胜涛、郑明楠、郑德华,广东郑世进、郑海明、郑克松、郑汉木,香港郑裕琛,河南郑朝增、郑万江等人到会。华县地方领导杨森明、刘毓斌应邀出席。会议提议筹备成立华县郑桓公陵园管理委员会。7月4日,郑桓公陵园管理委员会第二次筹备会议在华县召开。郑胜涛、郑世进、郑庆模、郑为理、郑洽桐、郑永强、郑嗣荣、郑树新、郑德华、郑朝增、郑城等20多名郑氏宗亲代表参加。经选举,郑桓公陵园管理委员会由下列成员组成:

名　誉　主　席:郑鸿业　郑增茂　郑德义

高　级　顾　问:郑万通　郑新立　郑小明　郑昭明　郑明楠
　　　　　　　　郑洽桐　郑玉文　郑朝阳

主　　　　　席:郑胜涛

首席执行主席:郑世进

执　行　主　席:郑庆模　郑永强　郑为理　郑　琦　郑汉木
　　　　　　　　郑克松　郑加松　郑树新　郑宏辉　郑合来

常务主席兼秘书长、法人代表:郑朝增

常务副主席兼常务副秘书长:郑　城　郑德华

财　务　总监长:郑为理(兼)

财　务　总　监:郑洽桐(兼)　郑德华(兼)

9月12日,郑桓公陵园管理委员会在广西省南宁市召开第三次会议。郑胜涛、郑为理、郑昭明、郑明楠、郑洽桐、郑加松、郑树新、郑朝增、郑德华、郑城、郑伟达、郑平、郑康、郑天胜、郑少林、郑岩权、郑怀珍、郑华强等参加。会议决定在华县重新申报成立"中国·华县郑桓公陵园修缮委员会"(以下简称陵园修缮委),郑胜涛任主席、法人代表。9月26日,陵园修缮委在浙江省杭州市花港海航度假酒店召开扩大会议,郑胜涛、郑荣德、郑庆模、郑为理、郑尚金、郑平、郑宏辉、郑朝阳、郑德华、郑文焕、郑城、郑燃、郑华强等24人参加会议。会议推举郑为理为一线工作执行主席,郑荣德、郑平、郑天胜(兼财务总监)为名誉主席,郑光明、郑存叶为执行主席,郑朝增为常务主席兼秘书长,郑德华为常务主席、财务总监、执行秘书长,郑洽桐为常务主席兼执行财务总监,郑城为常务副主席兼常务秘书长,郑文焕为常务秘书长兼办公室主任,郑燃、郑华强为常务秘书长。10月14日,华县招商局下发招字〔2009〕3号文件,同意成立"中国·华县郑桓公陵园修缮委员会",华县招商局为其业务主管单位。10月22日,华县郑桓公陵园修缮委员会在华县依法完成注册登记。11月11日,华县郑桓公陵园修缮委员会在华县举行挂牌仪式,时任渭南市委副书记王晓明、副市长程勉贵、归国华侨联合会副主席马筱丽，时任华县县委书记薛东江、县长杨森明、常务副县长简录民、县委统一战线工作部部长王桂英、县人民代表大会常务委员会副主任卫爱社，时任上海市徐汇区纪律检查委员会书记郑长埠以及陵园修缮委领导郑胜涛、郑明楠、郑为理、郑荣德、郑朝增等出席仪式并参加剪彩。由简录民主持仪式，郑胜涛、杨森明揭牌。

2010年1月1日，陵园修缮委增补郑伟达、郑国祯、郑自修为陵园修缮委顾问。7月26日，陵园修缮委增补广西郑兴华为陵园修缮委高级顾问。10月11日，陵园修缮委依法更名为"华县郑桓公陵园修缮管理委员会"（以下简称陵园修管委）。12月16日，陵园修管委增补华县郑全欣为陵园修管委常务秘书长。

2014年1月25日，陵园修管委主席工作会在福建省莆田市金茂大酒店召开，郑胜涛、郑庆模、郑为理、郑文焕出席。会议决定，陵园修管委办公室常设，服务本地，特任华县郑全欣为办公室主任，郑广全、郑俊峰为办公室工作顾问。10月26日，郑世进、郑胜涛、郑庆模、郑为理及办公室主任郑文焕在华县召开主席会议，同意郑文焕辞去办公室主任职务，保留常务秘书长职务。

2017年3月8日，陵园修管委在深圳市福田区皇庭世纪中心皇庭V酒店召开会议，研究决定了陵园管委的组成人员，并于2017年3月13日发布公告。陵园修管委组成人员如下：

永远荣誉主席：郑世进　郑胜涛　郑庆模　郑为理

荣　誉　主　席：郑荣德　郑宏辉

名　誉　主　席：郑少林　郑琦　郑平　郑天胜　郑学纯

　　　　　　　　郑康　郑焕明　郑全江　郑文焕

主　　　　席：郑荣德

秘　书　长：郑文焕　郑耀宗　郑瑞琪

常务副秘书长兼办公室主任：郑全欣

同年11月9日，参加了秋祭大典后的陵园修管委领导郑庆模、郑为理、郑宏辉及其他郑氏之人在渭南市华州区华州大酒店召开会议，推举西安郑彦财为陵园修管委执行主席。

（三）工程建设

经陵园修缮管理机构与华县人民政府多年对接协商，郑桓公陵园文化广场建设项目于2008年12月被批准，并被确定为华县招商引资重点项目，陵园工程建设进入前期准备阶段。12月4日，华县下发〔2008〕349号文件，批准郑桓公陵园文化广场建设项目立项。12月7日，华县人民政府成立"郑氏宗亲投资项目协调工作领导小组"，时任县长杨森明任组长，时任副县长康彦虎、招商局长刘毓斌任副组长，刘毓斌兼办公室主任。

开郑始祖郑桓公

郑胜涛与简录民签署拆迁协议

2009年5月16日，中央政策研究室原副主任郑新立来华县祭祖，与时任渭南市副市长程勉贵，时任华县县委书记薛东江、县长杨森明、县委统一战线工作部部长王桂英等领导就郑桓公陵园文化广场建设项目进行座谈和协商，华县领导同意项目拆迁工作由地方政府负责，陵园修缮委负责筹集资金，按拆迁进度付款，广场面积可适当扩大。7月4日，陵园修缮委领导郑胜涛、郑世进、郑庆模、郑为理、郑洽桐等在华县新华宾馆召开修缮工程会议，做出了工程启动的决定，并就工程建设的领导分工、财务管理和办公室工作等进行了研究和安排。12月31日，华县人民政府成立"华县郑桓公文化广场修缮领导小组"（华政办发〔2009〕12号）。时任华县县委常委、常务副县长简录民任组长；时任华县公安局局长庚华岗、招商局长刘毓斌、县政府办公室主任车宏伟任副组长；成员为华县相关部门的负责人，华州镇镇长赵华鹏兼任办公室主任。

2010年3月6日，郑桓公陵园文化广场建设项目拆迁协议在浙江省温州市瓯昌饭店签署。华县常务副县长简录民和陵园修缮委主席郑胜涛分别代表双方在协议上签字。根据协议内容，拆迁房屋涉及户数29户，计6 899平方米；陵园修缮委应向华县人民政府支付地面房屋

参加开工典礼的领导、嘉宾和郑氏宗亲为桓恩殿奠基

赔偿金、地面附着物赔偿金、安置补助费、搬迁补助费、土地征用费总计1 210万元。3月14日，华县人民政府组织陵园文化广场设计方案评审会。时任陕西省文物局处长贾强、渭南市文物局局长刘煜、华县县委书记杨森明、华县县长朱福俊以及陵园修管委领导郑庆模、郑为理等出席。评审会邀请了西安市建筑设计院马晓东、西部建筑抗震勘察设计研究院胡维参、西北大学权东计、秦始皇兵马俑博物馆李乃夫、汉阳陵博物馆李居西等5位专家参加评审。由西安古道建筑规划设计有限公司、陕西省建筑科学研究院介绍情况。3月24日，华县建设局下发华建发〔2010〕33号《关于郑桓公陵园文化广场修缮选址的批复》和核发的《中华人民共和国建设项目

第三章 郑桓公墓及陵园

选址意见书》，批准了郑桓公陵园文化广场的选址。5月1日，文化广场进行四至划界。四至如下：东临农贸路（今天门路），界为路中线；南临县经委家属楼，界为通道中线；西临园墙外南北胡同，界为胡同中线；北临西关街，界为街道中线。南北长129.3米，东西宽78.9米，占地总面积15.3亩。根据此前华县下发的〔2010〕55号《关于郑桓公陵园文化广场建设项目前期工作的批复》，文化广场用地属建设用地。7月19日，园区6 899平方米的地面建筑物开始拆迁。华县县政府、华州镇、西关行政村、陵园修管委的领导以及其他相关单位负责人亲临现场督察和配合。

2011年3月29日6时20分，修墓动土仪式正式举行，开工修缮郑桓公墓。此前，陵园修缮委办公室曾组织力量对桓公墓的历史原位进行多次实地勘查，居住在桓公墓附近且年届70岁以上的雷龙、姬雄北、曹清廉、孙慧兰、李龙本等10多位历史见证者，通过回忆、座谈和现场指认，确定了桓公墓的历史原位。2010年8月11日下午，由陵园修缮委常务主席、执行秘书长郑德华主持，办公室主任郑文焕组织，约请雷龙、雷振华、曹清廉、李龙本、孙慧兰、郑广全、郑全欣、郑北京、彭木生等，到现场勘定原墓位置。通过勘定，历史上的桓公原墓中心点距螺钉厂北大门左侧外墙皮52.5米，距西侧南北胡同园区西墙皮26米，距园区东墙皮27.6米，原墓高4—5米，直径7米。

7月27日，陵园修缮开工暨桓恩殿奠基典礼正式举行。北京郑鸿业、郑焕明，上海郑荣德、郑燃，深圳郑世进、郑合来，山西郑晋文，广西郑平、郑宏辉，以及陕西华县郑全欣、郑俊峰、郑广全等宗亲到场；华县地方政府有关领导应邀出席。郑鸿业致辞，华县县委书记杨森明宣布开工。台湾郑氏总会发来贺电。10月26日至11月中旬，福建福鼎艺通石雕厂、陕西富平乔山石雕厂安装石牌坊、照壁、靠山墙。2011年11月7日敬立郑桓公墓碑。

2012年9月16日9时9分，桓恩殿封顶。

2013年7月6日，园区东北角最后一户房屋被拆除，拆迁工程全面完工。10月1日上午，奉郑桓公像于桓恩殿正位。郑桓公像系广西北流高车郑宏辉领头捐资敬铸，为铜铸镀金，高2.8米。

2014年1月25日，陵园修管委主席工作会在福建省莆田市金茂大酒店召开，郑胜涛、郑庆模、郑为理、郑文焕等出席。会议同意陵园文化长廊的制作方案，并由莆田古建公司承建。会议同时决定陵园大殿、门卫楼、文化长廊房产权归陵园修管委，管理工作适时移交华县人民政府。9月，文化长廊工程进入安装、缮瓦阶段，至11月除油漆彩绘外全部完工。东西两侧文化长廊全长140米。10月26日，郑桓公陵园修缮竣工庆典暨2014年秋季祭祖大典在陵园文化广场举行。郑桓公陵园文化广场建设项目自2008年12月正式立项开始，历时5年，在各方的共同努力下，主要工程至此

开郑始祖郑桓公

基本完成，桓公墓、桓恩殿、石牌坊、门卫楼、文化长廊等一批主体建筑竣工，陵园初具规模，蔚为大观。

在郑桓公陵园的修建过程中，世界各地郑氏宗亲自愿捐资，毫不夸张地说，陵园的一砖一石、一草一木，无不凝结着桓公后裔的血汗、心力和情感。2008年以来，郑氏宗亲捐资活动，在郑桓公陵园修缮活动发起人及之后成立的修缮委、修管委持续不断地联络、宣传和推动下，在全球范围内有序健康进行，并制定制度，规范管理，严格审计，定期向宗亲及社会各界公布捐资的收支情况，以增强资金管理的公开性、公正性和透明度。国内各省市区、港澳台地区以及身居海外的桓公后裔纷纷慷慨解囊，为修建郑桓公陵园自愿捐款捐物，以表达对始祖郑桓公的追思之情。至2018年5月，共有3 300余名郑氏宗亲向郑桓公陵园捐赠资金（含物）2 930余万元。其中，捐资数额较大的有广东潮阳郑世进、福建莆田郑庆模、浙江平阳郑为理、浙江温州郑胜涛、浙江温州郑荣德、广西北流郑宏辉、贵州贵阳郑康、四川简阳郑少林、广西北海郑琦、广西南丹郑平、江苏徐州郑天胜、浙江平阳郑学纯等。在众多捐款人中，年龄最长者90岁，年少者15岁，有干部，有工人，有农民，有军人，有企业家，有教师学生，有海外华人等。天下郑氏同心携手，自愿捐资，为重修郑桓公陵园立下不朽功绩，其义举分别刊载于郑桓公陵园功德碑、功德簿，流传后世。

（四）后续管理与建设

2015年，随着郑桓公陵园主体建设工程的基本竣工，陵园的管理逐步向服务本地转变，工程建设也以补充完善为主，陵园的建设和管理进入后续阶段。1月30日，时任华县人民政府调研员康彦虎主持召开郑桓公陵园文化广场资产移交管理专项会议，会议形成共识：一是郑桓公陵园广场建设用地属华县人民政府划拨土地，地面建筑物、构筑物及其他配套设施所有权归郑氏后裔所有，现整体移交华县人民政府管理；二是陵园广场全部资产由县政府办公室负责管理，聘用工作人员做好管理维护、卫生保洁和安全保卫工作，费用由县财政列支；三是资产移交由县政府办公室牵头，相关部门配合国有资产管理局做好资产的登记、监管，全程监督移交工作。本次专题会议形成纪要，由县政府办公室于2015年4月27日下发各参会单位依此执行。7月1日，陵园的管理维护、卫生保洁和安全保卫等工作，正式移交华县人民政府办公室。

2015年3月，陵园修管委办公室筹资6万元，完成园区内的绿化工程，种植了国槐、银杏、雪松、侧柏、女贞、桂花、绿竹等10多种绿化树木，绿化面积约4 000平方米，园内生态环境有了明显改善。11月，投资20万元的文化墙贴石工程竣工。

2016年4月，投资18万元的铁艺大门安装及两侧仿古石墙工程完成，投资58万元

第三章 郑桓公墓及陵园

的文化长廊油漆彩绘完工。

2017年7月1日,原由县政府办公室负责的陵园管理维护、卫生保洁和安全保卫工作,移交由渭南市华州区文物旅游局负责。7月,投资60万元的郑国二十四君彩绘图像制作完成,安放在桓恩殿内。11月8日,仿古墙8幅郑桓公生平伟绩浮雕图安装完成,为郑桓公陵园的文化建设增添了新的内容。

二、陵园新貌

新修的郑桓公陵园,位于渭南市华州区城区西关街,坐南面北,南北长129.3米,东西宽78.9米,占地面积15.3亩。整体布局以郑桓公墓为核心,前为祭祀广场、照壁、石牌坊;后有靠山墙、桓恩殿;左右为文化长廊。桓公墓位于陵园中心位置,在历史原位上修缮建成,高4.5米,直径9.5米,四周用花岗石围砌,顶覆黄土,上植常绿花草。墓前碑高3.1米,宽1.1米,正面镌刻"周·郑桓公之墓"6个篆书大字。墓前置放香炉、供台。墓前广场由石板铺就,前竖3根旗杆,中间挂着中华人民共和国国旗,左右两边分别挂蓝色郑氏族徽旗和黄色郑字本源旗,红、蓝、黄三面旗帜长年在空中飘扬。照壁高3.5米,宽9.9米,前面刊刻《郑桓公史事简介》,后面刊刻《郑桓公陵园碑记》。门前石牌坊三开四柱七楼,高11米,宽16米,恢宏大气,面街矗立,为关中东部最大石牌坊。牌坊为岭南风格,雕工细腻精巧,正门额题刻"郑桓公陵园文化广场",坊柱题刻楹联。牌坊前有4尊瑞狮神兽两侧蹲护。

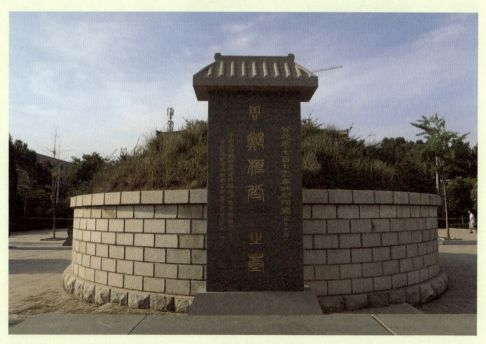

修缮后的郑桓公墓

开郑始祖郑桓公

石牌坊

通德门及文化长廊

桓恩殿

陵园西北、东北两角各耸一幢两层拱卫楼。牌坊与拱卫楼之间的两侧各建有4面仿古墙，墙面镌刻8幅郑桓公生平伟绩浮雕图。牌坊、拱卫楼、仿古墙高低错落，相得益彰，形成陵园前门区。桓公陵墓后有靠山墙，高4.5米，长19.5米，成箕状护墓，"华夏郑氏之根"6个金色大字赫然在上，后刊刻《世界郑氏华县宣言》。桓恩殿位于陵园最后端，是供奉郑桓公神位的场所，殿高15.9米，东西长32.1米，进深23.6米，五开间，重檐歇山式，汉唐风格，雄伟壮观。殿内正位奉郑桓公镀金坐像，顶覆黄绫盖伞。前设祭台，香、蜡、纸、表等祭品一应俱全；两侧安放郑国二十四君彩绘图像。殿内悬挂郑氏名人敬题的牌匾、楹联，庄严肃穆。文化长廊位于陵园东西两侧，依围墙而建，南北各长70米，为砖木结构建筑群，红墙黛瓦，油漆彩绘，呈岭南风格。东西分别建有通德门、安远门，富丽堂皇。园区内遍植树木花草，高槐低柳、苍松翠柏、绿竹金桂，相互映衬，自成景致。郑桓公陵园建筑

第三章 郑桓公墓及陵园

布局严谨方正，文化底蕴深厚，自然景观怡人，已经成为华夏郑氏寻根拜祖的一方胜地，华州市民休闲健身的一处公益场所，各地游客来华州观光旅游、领略郑桓公文化的一个人文景区。

三、陵园文化

郑桓公是西周晚期的一位政治家，是郑国的开国国君，是华州历史上首位重要政治人物。他忠周保民、以"和"理政、以商立国的思想观念，是郑桓公文化的根基，成为郑国文化、郑氏文化的源头，也是中华民族5 000年历史文化的组成部分。郑桓公墓1957年已被陕西省人民委员会确定为省级重点历史文物保护单位，承载着丰富厚重的周郑文化信息。以桓公墓为核心而建成的郑桓公陵园是一处历史文化底蕴深厚的仿古建筑群，以反映周郑文化为主要内容的诗词、文章、牌匾、楹联、画作、书法、石刻、砖雕、木雕、建筑等文化艺术丰富多彩，其中，50余块（副）的牌匾楹联最引人注目，皆由当代郑氏名人、书法名家和地方官员题书，成为陵园文化的一大亮点。

（一）牌坊匾额、楹联

正门额匾：郑桓公陵园文化广场

（华县县长朱福俊题书）

左门额匾：德泽广大

（福建莆田郑庆模题，西安郑安庆书）

右门额匾：祚胤繁昌

（浙江郑为理题，西安郑安庆书）

正门联：千秋不祧光后烈

万代继武嗣前雄

（河南唐河郑新立题，西安郑安庆书）

边联：秦岭巍巍志宗功桓武贻谋郑声远

渭水滔滔颂祖德孙曾绍续世泽长

（河南固始郑文焕题，西安郑安庆书）

牌坊后正门额匾：祀永河岳

右门额匾：缁衣遗爱

左门额匾：周宗忠贤

（陵园修管委题，西安郑安庆书）

中门联：前坊后殿风烈千古

左昭右穆祚胤无涯

开郑始祖郑桓公

（广东湛江郑华轩携子孙题，华州杨建民书）

　　　　边联：铁肩担道义
　　　　　　　孝友铸华章
（中国人民大学郑杭生题书）

（二）通德门额匾、楹联

　　　　额匾：通德门
（陕西米脂郑守增题）

　　　　　　高山景行
（深圳郑伟新题）

　　　　　　丰功隆德
（香港郑景文题）

　　　　门联：通达廉明百代传训
　　　　　　　德建名立千古遗风
（广东深圳郑耀宗题）

　　　　边联：血溅骊山赤胆报王室
　　　　　　　德行丰镐缁衣爱周人
（浙江温州郑生松题）

（三）安远门额匾、楹联

　　　　额匾：安远门
（福建莆田郑炳清题）

　　　　　　志高德重
（广西郑玉民、郑素彬题）

　　　　　　光前裕后
(陕西华州郑元升、郑宁题)

　　　　门联：安天下修文修武
　　　　　　　远家声惟厚惟忠
（四川简阳郑少林题）

　　　　边联：紫气东来圣地烟霞凝玉瑞
　　　　　　　旭阳初照祖源佳木映朝晖
（海南海口郑在保题）

（四）大殿前牌匾、楹联

　　　　大殿牌匾：桓恩殿
（浙江温州郑胜涛题，西安郑安庆书）

第三章 郑桓公墓及陵园

正门牌匾：天下开郑
（广东潮阳郑世进题）
左门牌匾：缁衣罩世
（福建莆田郑庆模题）
右门牌匾：功烈千古
（浙江平阳郑为理题）
正门廊柱联：启国开宗延世泽
　　　　　　功崇业伟振家声
（上海郑荣德题）
廊柱侧联：荥阳郡世系华山虎踞
　　　　　通德堂宗泽渭水龙盘
（浙江温州郑加松题）
　　　　桓公遗爱千秋幸
　　　　恩泽流芳万代馨
（广东潮阳郑世进题）
廊柱边联：桓祖源宗世泽远
　　　　　姬周派衍功名长
（浙江温州郑永强题）
正门楹联：江山聚秀归新宇
　　　　　祖德联辉映华祠
（广西北流郑宏辉题）
侧门楹联：始祖元音千秋业
　　　　　裔孙盛气万岁春
（浙江温州郑明楠题）
　　　华山毓秀贤能辈出凝紫气
　　　渭水钟灵俊哲挺英集祥云
（浙江温州郑秀康题）
　　　　水源木本郑氏昌盛
　　　　春露秋霜俎豆常新
（浙江苍南郑昌客题）

（五）大殿内牌匾、楹联

正上牌匾：万代瞻依
（陵园修缮委题）

71

开郑始祖郑桓公

左上牌匾：蔚然国光

（北京郑万通题）

智承千秋

（西安郑彦财题书）

右上牌匾：源远流长

（华县县委书记杨森明题）

右门牌匾：叶茂枝荣

（广西郑氏辉煌矿业投资发展有限公司郑存叶题）

正门牌匾：德配天地

（河南南阳郑运江题）

桓公像两侧联：

堂寝旧规模尊祖敬宗翼翼然鼓钟百代

冠裳新气象左昭右穆彬彬乎礼乐千秋

（安徽歙县郑泽民题）

殿宇恢宏惟期光前裕后

祖德绵远肃此春祀秋尝

（浙江温州郑胜涛题）

世泽源长孝悌无双千秋俎豆昭前列

家声韵远文章第一百代衣冠推后贤

（福建莆田郑庆模题）

祖德绵长史笔如椽百代千秋书伟业

家声赫然丰碑拔地九州万众仰高风

（浙江杭州郑为理题）

鸿基开柱国列祖功德鉴日月昭宗昭清穆序承一脉

世业并荣台先贤勋名励后昆吾族春祀秋尝继千秋

（安徽合肥郑家荣题）

封伯爵立郑疆礼贤下士开基创业碧海丹心昭日月

御外侮保周室忠君爱国鞠躬尽瘁凛然正气满乾坤

（福建福清郑兆福题）

（六）前照壁联

撑周大极丹心永在昭天地

立郑先模正气长存鉴古今

（广东遂溪郑泽民题，广东黄思素书）

第三章 郑桓公墓及陵园

护家邦兴社稷捐躯报国伟绩永标青史
传血脉荫子孙落地生根后人遍布全球
（福建长乐郑伯农题）

（七）后靠山联

叱咤风云炎黄裔胤
播撒文明后稷传人
(陵园修管委题)

尊荣河山带砺
嗣续日月升恒
(华州雒应龙书)

千秋祖德流芳远
万代宗功世泽长
(广东遂溪郑志才题，华州侯侑宏书)

四、重要祭祖活动

慎终追远，祭祀先祖，是中华民族的文化传统。桓公后裔于岁时节令在始祖墓前上香跪拜，祈福求平安，大概早已有之。但范围广、规模大的祭祖活动则发生在21世纪初。2005年，修缮郑桓公墓的呼声日渐高涨，引起了世界各地桓公后裔的关注，他们相互联络，自发到陕西华县寻根溯源，谒拜始祖，寄托崇祖报德的家族情怀。随着郑桓公陵园建设工程的启动和陵园管理机构的建立完善，祭祖活动不断向规范化、程序化发展，逐渐形成了郑氏家族特有的祭祖模式，即在平时自发祭祖基础上，每年开展两次有组织的祭祖活动，分春祭和秋祭。春祭在清明节或之前进行，属本地祭，由陵园修管委办公室组织华州当地郑、姬、段、游姓之人参加，参祭人数一般在50—100人，规模不大；秋祭为公祭，遵古制于每年十月初一（古代称为"十月朝""十月朔"。该日，士庶官民皆祭扫祖先坟墓，多烧纸剪冥衣。明清时又称"烧衣节"，华州当地称"送寒衣"）前后，由海内外有组织能力的郑氏宗亲联谊机构轮值举行，世界各地桓公后裔参加，人数多、规格高、组织严密。祭祖范式以传统祭祀礼制为基础，结合现代礼俗文化，按升国旗、奏族歌、献花篮、致辞、宣读祭文、上香、奠酒、化纸、跪拜等程序依次进行。近年来，祭祖活动与时俱进，逐渐与建设和谐社会、发展地方经济相融合，纳入招商引资、推介地方、发展文化旅游等内容，引起了地方政府及社会各界的重视和参与。每逢重要祭祖活动，地方政府积极配合，召开公安、卫生、安全等部门的协调会，各司其职，确保祭祖活动的安全有序进行。政府领导亲临祭祖现场祝贺或陪祭。郑氏祭祖活动弘扬

开郑始祖郑桓公

了中华优秀传统文化中的忠、孝、善、义等文化精神,传递了社会正能量。自2005年郑桓公陵园修缮工程发起以来,重要祭祀活动不断。

2005年11月29日,浙江郑为理会同广东郑昭濂、郑敏昌,甘肃郑懋勇,江西郑佳斌,陕西郑凤祥、郑芳颖、张云峰等8人来华县螺钉厂郑桓公墓前祭祖,并调查桓公墓的历史与现状,为修缮郑桓公墓做前期准备。

2008年10月2日,世郑总会主席福建郑庆模、名誉主席广东郑洽桐分别率福建和广东惠来县宗亲来华县祭祖。11月11日,郑鸿业、郑新立、郑增茂、郑德义、郑昭明、郑鸿根、郑明楠、郑宝贵、郑朝增、郑城、郑为理、郑棋等郑氏名人以及来自全国各地及美国的郑氏宗亲共800多人来华县祭祖,浙江郑为理首捐11万元作为陵园建设启动资金。12月5日,世郑总会主席郑世进率总会主要领导郑汉木、郑少忠、郑文章、郑洽桐、郑国彬、郑壮林、郑思涯等来华县祭祖。

2009年5月16日,中央政策研究室原副主任郑新立来华县祭祖,时任渭南市副市长程勉贵、华县县长杨森明陪祭。11月11日,全国各地及美国、韩国的郑氏宗亲来华县祭祖,陵园修缮委领导郑胜涛、郑明楠、郑为理、郑荣德、郑朝增等参加仪式,陵园修缮委办公室主任郑文焕主持祭祖仪式。

2010年9月4日,全国各地160余名郑氏宗亲来华县祭祀,郑守增、郑胜涛、郑为理、郑新权等参加仪式,郑文焕主持仪式。

2011年11月11日,上海郑桓公文化基金会在华县举办中国·华县郑桓公国际旅游节暨郑桓公公祭大会。时任华县人民代表大会常务委员会副主任刘毓斌主持大会,郑鸿业、郑世进、郑荣德、郑为理为主祭人,代表各方敬献花篮。400余名郑氏

2011年11月11日宗亲祭祖

第三章 郑桓公墓及陵园

宗亲参加大会。

2012年5月10日,世界郑氏千人祭祖大会在华县郑桓公陵园举行。本次祭祖活动首次升起中华人民共和国国旗、郑氏族徽旗和郑氏本源旗。修管委领导郑胜涛、郑庆模、郑为理、郑宏辉,北京郑明、郑焕明,贵州仁怀杨英(郑姓),香港郑鸿根、郑明强、郑慧仪,台湾郑昌树等郑氏名人参加。时任华县副县长康彦虎、华县人民代表大会常务委员会副主任刘毓斌应邀出席。

2013年10月12日,秋祭大典在华县郑桓公陵园举行。浙江温州郑新全主持祭祖仪式,温州郑明楠恭读祭文,陵园修管委领导郑胜涛、郑为理、郑宏辉及时任华县副县长康彦虎出席。来自山东、辽宁、贵州、海南、云南、湖北、江苏、广西、宁夏、陕西、山西、内蒙古、江西、河南、四川、安徽、福建、甘肃、浙江等省,重庆、上海、北京等市和马来西亚各地的500余名宗亲参加仪式。中国香港、澳门、台湾等地区,泰国、新加坡、马来西亚、朝鲜、美国、加拿大等国的郑氏宗亲会向大典发来贺信和贺电。11月3日,海南郑辉雄、郑兴美、郑宏光、郑万春、郑德雄、郑大奎等一行18人来华县祭祖,时任华县县长朱福俊与之会见。11月8日,马来西亚槟城郑氏荥阳堂郑汉荣、郑天霖、郑雅荣、郑斯明等一行14人来华县祭祖,华县郑全欣主持祭祖仪式,郑文焕恭读祭文。11月12日,上海郑桓公文化基金会郑荣德、郑康、郑少林、郑裕琛、郑明珍、郑汉英等10多人来华县祭祖。

2014年10月26日,来自中国、马来西亚、英国、匈牙利等国的500余名郑氏宗亲参加了2014年秋祭祭祖大会。浙江温州郑新权主持祭祖仪式,郑世进、郑庆模、郑为理、郑宏辉、郑全欣、郑如杰、郑鸿根、郑铭强、郑昭明、郑明胜为主祭人。福建省郑氏宗亲总会大宗长郑葆元恭读祭文。华县人民政府、陵园修管委、海外郑氏宗亲会、香港郑氏宗亲会、澳门郑氏宗亲会、台湾世郑总会敬献花篮。郑鸿业、郑新立、郑炳清、郑守增以及台湾世郑总会、马来西亚郑氏宗亲会、美国福建同乡会发来贺电和贺信。

2015年10月9日,由广东省郑氏宗亲总会轮值主办、广东潮阳郑氏宗亲总会承办、陵园修管委办公室协办的2015年郑桓公秋祭大典在华县郑桓公陵园举行。郑世进为祭祖组委会主席,郑胜涛、郑庆模、郑为理、郑荣德为荣誉主席,广东汕头潮阳郑氏宗亲总会常务会长郑成兴为执行主席,常务副会长郑锡元任办公室主任,郑会展、郑文焕、郑全欣任秘书长。主祭人郑新立、郑世进分别致辞,郑成兴恭读祭文。来自全国各地和泰国的600多名宗亲参加大典。

2016年11月11日,上海郑桓公文化基金会在渭南市华州区举办第二届郑桓公国际旅游文化节暨2016年秋祭大典。

开郑始祖郑桓公

  2017年11月9日,由北京郑氏宗亲会主办、陵园修管委办公室协办的2017年秋祭大典在渭南市华州区郑桓公陵园举行。陵园修管委领导郑庆模、郑为理、郑荣德、郑宏辉等出席。时任华州区政府调研员康彦虎到场祝贺。大典由北京郑氏宗亲会副会长郑春风主持,会长郑全江致辞,郑焕明恭读祭文。来自全国各省市及韩国、缅甸等国的26个代表团1 200余名宗亲参加大典。华州区公安局特警、交警到场维护秩序。

2017年11月9日祭祖大典

开郑始祖郑桓公

第四章

郑国东迁和古郑国的演变发展

开郑始祖郑桓公

第一节 郑国东迁

一、建立新郑国

公元前770年,周平王在晋文侯、郑武公、秦襄公等诸侯的护卫下,由镐京迁都至洛邑,历史进入东周时代。政治中心东移后,宗周王畿一带屡遭犬戎侵扰,郑国的生存发展环境日益恶化,郑武公便于平王迁都后的第二年,即公元前769年,按其父郑桓公生前的谋划,将郑国的管理体系、军事力量及百姓东迁至当初寄孥虢郐的十邑之地,重建郑国。后人将东迁后的郑国称为新郑,而将东迁前的郑国称为古郑、旧郑。明《华州志》载:"桓公子武公平王东迁,乃称新郑,以此为古郑。"古郑国从周宣王二十二年(前806)建立,至周平王二年(前769)东迁,前后共37年。古郑国是新郑国的源头和根基,新郑是古郑的延续,二者前后传承,国脉相连。

郑武公

郑武公为郑国第二代国君,因护驾平王东迁洛邑有功而任东周王室司徒,辅佐朝政。《国语·周语》载:"周之东迁,晋、郑是依",即指此事。郑武公率郑国东迁虢郐十邑后,借王室司徒的地位和权力,用军事手段先灭郐,后灭虢,使郑人居住的十邑之地连成一片,并在溱洧之间建立了新郑国。

郑武公陵

周平王对于郑武公灭郐虢、建新郑之举予以默认。郑武公建立新郑国后，施行"武公之略"，在当地原住民的帮助下，带领郑人拓土开疆，发展农桑工商，兴建乡学，整修城邑，扩充军备，经过20多年的苦心经营，使新郑国一跃成为东周初期的强国之一、东周王室依靠的重要力量。

二、庄公称霸

公元前744年，郑武公病故，葬于今河南省新郑市城关镇杜庄村北。子寤生继位，是为郑庄公。郑庄公执政之初，就遇到了一件麻烦事，即"叔段之乱"。叔段是郑武公少子，郑庄公同胞之弟。郑武公夫人武姜当初生寤生时，遭遇难产，因此厌恶寤生；其生叔段时，一切顺利，因此喜爱叔段。武公立世子时，武姜坚持要立叔段，被武公拒绝。庄公执政后，武姜再三威逼庄公封地于叔段。庄公无奈将京（今河南省荥阳市境内）封之。叔段与庄公长期不和，在得到封地后，便暗地里招兵买马，打造兵车，图谋不轨，准备以武力夺取庄公君位，并得到其母武姜的支持。郑庄公二十二年（前722），叔段以为时机成熟，便约母亲作为内应，发兵偷袭郑都。但庄公早有防备，很快平定内乱。叔段仓皇逃至鄢，被卫君安置在共（今河南省辉县境内），因此人称其共叔段。叔段后成为段氏、京氏、共氏的祖先。

郑庄公

叔段之乱虽然平息，但庄公对母亲的怨恨依然难解，发誓"不及黄泉，无相见也"（《左传·隐公元年》），并下令将母亲迁往远离国都的城颍。不久，庄公又因思念母亲而心生懊悔，但君主一言九鼎，与母亲不在人间见面的话已经无法收回，其为此十分难过。后庄公在颍叔考的安排下，与母亲在地道内见了面，也算是没有违背"不及黄泉不相见"的誓语。此时的武姜也有悔意，母子见面，相拥而泣，犹如再世重逢。关于庄公母子的这一故事颇具戏剧性，为史籍所载。

郑庄公是郑国的第三代国君，继君位不久，又任王室司徒。大概由于"叔段之乱"，庄公很长时间未入朝理政。周平王对庄公权势过大心存疑虑，便趁机起用虢公参政，以削弱庄公的权力。庄公心中自然不快，遂提出辞职。时东周王朝多事，郑国又为强国，近在咫尺，平王不敢得罪庄公，便极力挽留，而庄公坚辞不改。为消解庄公的疑心，周平王便提出周郑互换人质。后平王的王子狐与庄公的世子忽都

开郑始祖郑桓公

郑庄公陵

到对方的都城做了人质,史称"周郑交质"。

周郑交换人质事件,发生于周平王五十一年(前720),在东周历史上影响极大,标志着东周王室的衰弱和诸侯郑国的强大。当年,周平王去世,王子狐奉召回国,准备继承王位;庄公长子忽也被郑国接回。王子狐回国后不久即因人质事件含恨而亡,其子林继王位为周桓王。周桓王也因周郑交质对郑庄公极为不满,在一次朝会中,他生气地对庄公说:"卿是先王之臣,我不敢委屈你再为臣,请自便吧!"庄公怒气冲冲,拂袖而去。不久,庄公先后派兵到温、洛两地强行收割了王室的麦子和稻谷,周郑关系进一步恶化,由"交质"发展到"交恶"。周桓王十三年(前707),桓王亲率蔡、卫、陈等国兵车讨伐郑国。郑庄公率军避其锋芒,后发制人,将王师一举击溃,周桓王也被郑国祝聃一箭射中肩膀,史称"射王中肩"(《左传·桓公五年》)。从此,东周王室的威势一蹶不振。

郑庄公雄才大略,不仅敢与周王室平起平坐,而且敢与其分庭抗礼。在与其他诸侯的争雄中,郑庄公或远交近攻,或广结同盟,或各个击破,纵横捭阖,取得了许多辉煌的战果。早在"叔段之乱"平息后,郑庄公就对与郑国有过节的卫国用兵,当郑军攻到卫国都城时,卫桓公畏惧求和,郑国才予以撤兵。不久,郑庄公又与齐国君主歃血为盟,双方约定,之后一方有事,另一方要给予援助。公元前719

第四章　郑国东迁和古郑国的演变发展

年，卫国州吁杀其兄卫桓公自立为君，为报郑国伐卫之仇，以重贿联络宋、鲁、陈、蔡结成五国联盟，发兵车1 300余乘攻郑，将郑都东门团团包围。郑庄公镇定应对，各个击破。他首先派兵将因政治避难而住在郑国国都的宋穆公之子冯送到长葛，并设法让宋军知道，使其移军到长葛解决自己的内部问题。鲁、陈、蔡三国见宋军已走，便在一旁观望不前。庄公又派公子吕率500名士兵与卫军交战，稍一交手，郑军佯装不敌。卫国州吁满足于一战告捷，便回师庆贺去了。鲁、陈、蔡三国军队见状也跟着撤走。当宋军到达长葛时，公子冯又被庄公派人接回郑都，宋军徒劳无功，怏怏而归。五国结盟攻郑，却在郑庄公的各个击破下草草收场。之后，郑庄公审时度势，为瓦解五国联盟，先与陈国修好，又和鲁国改善关系，再与齐国结成军事同盟。公元前715年，郑庄公假借周天子之名，联合郑、齐、鲁三国以兵车伐宋，夺取宋防（今山东省境内）、郜（今山东省境内）二邑，送于鲁国。公元前713年，郑庄公率郑国军队与宋、卫、蔡联军在戴国（今河南省境内）交战，大败联军，顺势占领戴国，将其纳入郑国版图，并在新占领区修筑启封城（今河南省开封市），派王子驻守，以防宋国入侵。次年，郑庄公联合齐国灭郕国（今山东省境内），又率郑军灭许国（今河南省许昌市），并将其并入郑国。

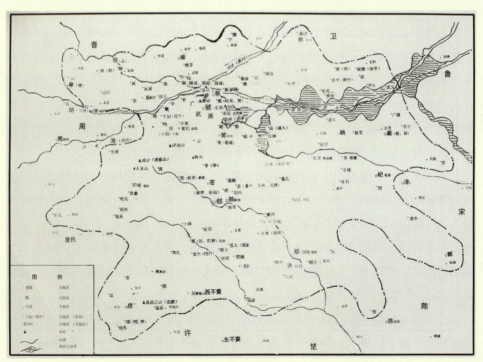

郑国疆域图

郑庄公在郑国执政43年，东征西讨，开疆拓土，特别是公元前707年击败王师后，重新恢复王室司徒地位，"挟天子以令诸侯"，郑国的霸主地位得到确立。当

开郑始祖郑桓公

时郑国的疆域以今河南新郑为中心,东至兰考,南达禹州、鄢陵,西至虎牢,北越黄河,纵横约200里,土地肥沃,交通发达,商业繁荣,国力强盛。

三、"四公子"内讧

公元前701年,郑庄公病故,葬于今河南省新密市曲梁镇大樊庄。世子忽继位,史称郑昭公。从此,郑国进入到"四公子"内讧,权臣乱政,国势由盛转衰的历史阶段。

郑庄公年轻时,先娶邓国公室女邓曼为夫人,后又娶宋国的雍氏女,共生12子。其长子忽为邓曼所生,次子突为雍氏所生,之外还有子亹、子仪等人。长子忽早年在"周郑交质"事件中曾入周做人质,回国后多次出征作战,立有战功,具有一定的政治眼光和军事才能。次子突才智与忽不相上下,因母家是宋国权臣,有外部势力的援助,是君位的有力竞争者。庄公去世前,想把君位传于次子突,因大夫祭仲的极力反对,才立长子忽为世子。对此,他深感忧虑地说:"突素有大志,决不肯久居人下。如果立忽,只有把突送到外家。我郑国从此多事了。"

昭公忽执政后,在宋国的公子突对郑国君位念念不忘,他通过母亲雍氏向宋庄公提出返回郑国、夺取君位的请求。宋庄公认为公子突若执政郑国,对宋国有诸多好处,便答应为其提供帮助。宋国用计把郑国大夫祭仲骗至宋国扣押起来,并以砍头和出兵攻郑相威胁,要祭仲设法以突代忽为君。祭仲为保全性命答应了宋国的要求。当年九月,祭仲和公子突在宋国保护下回到郑国。祭仲一回国便修书一封,派人送给郑昭公,诉说自己在宋国发生的一切,劝昭公尽快逃命,并答应日后有机会再迎昭公回国复位。昭公为大势所迫,仅做了4个月的国君,便匆匆逃向卫国安身去了。公子突在祭仲、高渠弥等权臣的拥护下即君位,是为郑厉公。

宋国获悉公子突成功夺取君位后便急不可待,要求郑厉公履行之前的承诺,向宋国割让城邑,奉送玉璧、黄金。厉公怕其他诸侯耻笑,请求延缓时日,但宋君坚持不允。厉公无奈,便请齐、鲁两国国君从中调解,但毫无结果。公元前700年,郑厉公忍无可忍,便联合鲁国,大举攻宋,重创宋军,才使宋国停止勒索。第二年,宋国为报郑、鲁伐宋之仇,同齐、蔡、陈、卫联合攻郑。郑国依靠坚固高大的都城坚守不出战,联军无计可施,只好收兵。

公元前696年,郑厉公对祭仲专权心存不满,便命母家族弟雍纠设法除之。雍纠是祭仲的女婿,回家后心神不宁,酒后吐真言,被妻祭氏听到,她立即告诉父亲祭仲,雍纠即被祭仲杀死。郑厉公知道事情败露,吓得逃往蔡国,开始了长达17年的流亡之路。厉公出逃后,祭仲从卫国把郑昭公迎回,自己仍然把持朝政。

郑昭公重新执政后,一直以厉公为心头之患,遂四处结盟,意欲将其除之,这

第四章 郑国东迁和古郑国的演变发展

引起了当初拥立厉公即位的权臣高渠弥的恐惧和不安。公元前695年十月，昭公外出狩猎，高渠弥出其不意，从背后将昭公射杀。祭仲等权臣又拥立庄公季子子亹为君。

公元前694年七月，齐襄公邀请一些诸侯到首止（今河南省睢县境内）会盟。郑国国君子亹偕高渠弥应邀同往，子亹被齐襄公以谋兄篡位的罪名乱刀砍死，高渠弥被带回齐国后五马分尸。子亹死后，祭仲等人再立庄公四子子仪为君。子仪励精图治，内政外交皆有改善。子仪十二年（前682），上大夫祭仲病死，国政交由中大夫叔詹、下大夫原繁主持。

公元前680年，流亡在外的郑厉公故技重演，派人诱捕了郑大夫甫假，威胁他做内应，帮自己返政复位。甫假为了活命，答应了厉公要求，回到郑国等待时机。当年六月，甫假果然杀了郑君子仪及其两个儿子，迎厉公回到郑国恢复君位。郑厉公重新执政后，大肆诛除异己。他怪罪曾辅佐子仪的大夫，也就是自己的伯父原繁，怪罪其辅政期间不及时接回在外流亡的自己。原繁说："我只知道圣贤有言，事君不二心，这是做臣子的职责。"说完便自杀了。厉公又斥责甫假说："原繁为了他的君主已经身亡，可谓忠臣，你事君有二心，应该被杀。"甫假在临死前说："重德不报，果真如此啊！"此后，厉公任叔詹为正卿，堵叔、师叔为大夫，按照先君武公、庄公的治国方略，发展生产，整顿兵备，恢复国力。他对外先后与齐、宋、陈、卫等国结盟，改善外部发展环境。郑厉公五年（前675），东周都城被卫、燕联军攻破，周惠王逃至温。卫、燕另立惠王弟子颓为周王。次年春，郑厉公派使臣赴周，为王室讲和，被子颓拒绝，并将使臣赶出成周。厉公大怒，于当年秋率兵攻周，子颓逃跑时被杀。郑军班师回国途中，厉公染病，不久即病亡。

在郑昭公继父位至郑厉公流亡，后又恢复君位的20余年中，忽、突、子亹、子仪同室操戈，兄弟相残，内乱不止；祭仲等权臣乱政，五易其主，三人被诛，社会动荡，经济发展受阻，郑国国势迅速由盛转衰，霸主雄风不再。

四、夹缝中求生存

郑国位于中原中心地带，南靠楚，北临晋、卫，西依周，再西有秦，东接宋、陈、齐、鲁，四通八达，丰饶富庶，但在经历20余年的内乱之后，元气大伤，国力大不如前，在春秋诸侯争雄中一直处于弱势地位，100多年间"朝晋暮楚，唯强是从"，在晋、楚、齐、秦等大国的夹缝中求生存。

郑厉公七年（前673），厉公病卒，其子踕继位，是为郑文公。郑文公仍以叔詹、堵叔、师叔"三良"辅政，并于次年徙郑，将国都从溱洧间迁至今河南省新郑市。郑文公六年（前667），郑国与齐、鲁、宋、陈会盟，郑国加入齐国势力集团，

开郑始祖郑桓公

引起了楚国不满。楚是立国数百年的大国,早有控制郑国、继周而王天下的野心。郑与齐结盟,使楚国认为郑国背叛了自己,楚国便于第二年兴师伐郑,但郑国固守不出,并设疑兵迷惑楚军,使其不敢冒进。相持数日,楚军担心齐、鲁、宋国援郑,于是撤兵。7年之后,楚国大将斗章再次率军大举侵郑,郑国严阵以待,早有防范,斗章见状便行退兵。楚王知道后大怒,令斗章再次进攻。郑军以为楚军已退,便放松戒备,结果损失惨重。郑文公十七年(前656),郑国应齐国要求,与鲁、宋一起攻楚,以报楚国屡侵郑国之仇。但兵至楚国境内,各国便在楚王的假意求和下,各自罢兵而归,楚国没有损失一兵一卒,郑国也未得到任何补偿。第二年,齐国邀请鲁、宋、陈、郑、许、曹等国国君到首止会盟,欲拥立周王储君世子郑为盟主,与楚为敌。但在会盟前,郑文公接到周惠王密信,说不想立世子郑,想立次子带,并让他与楚国修好关系,日后为他在王室安排重要官职。郑文公素无主见,以为周王对他信任重用,幻想日后可以似先君武公、庄公一样重振郑国,便不参加会盟,并派申侯出使楚国,与之和好。

郑文公三十六年(前637),晋国公子重耳外逃避难路过郑国,郑文公对其不以礼相待。大夫叔詹劝文公以厚礼待之,否则将其杀掉,免留后患。文公不听,令其离境。重耳于此年回国为君,是为晋文公,对郑恨之入骨。晋文公后为春秋五霸之一,晋国遂成为郑国北方的一大威胁。

郑文公四十一年(前632),郑国在楚国的胁迫下,共同出兵伐晋,在城濮与晋军大战,楚郑大败。2年后,晋邀秦联合伐郑。联军进入郑地后,晋军布于函陵,秦军布于氾南,对郑都形成夹击之势。危机之下,郑大夫佚之狐命圉正(负责养马的小官)烛之武,深夜从城上坠下,到秦营中游说秦军退兵。烛之武见到秦穆公便号啕大哭,穆公问他何以如此悲伤,他回答:"我哭的原因不是因为郑国将要灭亡,我是为秦国悲伤啊!郑亡不足惜,可惜的是对秦国有什么好处呢?我素闻秦君精明,怎么会做出如此有害无益的事!秦晋联兵伐郑,秦国距郑国千里,中间还隔着东周等国,而晋、郑土地相接,一旦郑国灭亡了,得到好处的是晋国而不是秦国。晋、秦是相邻的两个大国,晋国灭郑后兼并郑的土地,国力会更强大,这对秦国有百害而无一利,况且晋国还是一个不守信用的国家,当初的晋惠公和现在的晋文公曾答应给秦国许多好处,但至今一点也没兑现。如果秦军现在撤兵回去,郑国愿意当被保护国,一旦秦国将来在东方有事,郑国就可以给予配合,这样,不仅可以阻止晋国强大,也可以使秦国在东方建立一个基地,共同对付晋国。"烛之武的话句句在理,切中要害。秦穆公经再三权衡,便留部分兵力助郑守城,其余部队并未告

第四章 郑国东迁和古郑国的演变发展

知晋军，就悄悄撤走了。与此同时，郑国又用大量宝货作为条件，向晋求和，但晋文公不肯，声称只有交出郑大夫叔詹才可退兵。叔詹实属忠臣，愿舍身为国解危，经再三请求，才被郑国送至晋营。晋文公要对叔詹施用鼎烹之刑，临刑前，叔詹对文公说："天降大祸于郑国，才有今天。当初我曾劝我主对你以礼相待，我主不听，才会有今天的祸害。明白祸害的原因，是智的表现；身死可以拯救国家，是忠臣的行为。我今天虽死，但并无什么遗憾。"说完便从容向刑鼎走去，并大声说："从此以后，凡是对国家和君主忠诚的人，都会像我一样有这样的下场！"晋文公生怕叔詹的话会影响他的臣下，便下令停刑，并赠叔詹一份厚礼，送其回郑国。当时，郑国公子兰在晋军中，晋便提出要郑国立公子兰为太子，并与晋结盟的退兵条件。郑国答应之后，晋军撤去。郑文公在位45年后，于公元前628年去世，公子兰继位，是为郑穆公。

郑穆公元年（前627），郑国的司城缯贺，对从晋归来的公子兰继位极为不满，便勾结秦国3年前帮助郑军守城未归的秦将杞子为内应，约秦国在郑君新立、地位不稳之时攻郑。秦国遂以孟明为将，发兵袭郑。郑国有一商人名弦高，常年在周、郑、卫之间以贩牛为业，颇获重利。一天，他赶着牛群行至滑国（今河南省偃师市南），听说秦军欲绕道偷袭郑国也到了滑国。他想自己虽是一个下贱的牛贩，但不能忘了自己的父母之邦，现在国家有危机，就应去救助，否则宗社灭亡，还有什么面目再回故乡？他一面派人星夜回郑国报告消息，一面赶着牛迎着秦军而去。遇到秦军后，他对秦将孟明说："我郑国君听说将军出师敝邑，特遣我犒劳大军。郑国处在大国之间，屡遭外侮，不得不日夜戍守提防，以致无暇到上国谢罪，请将军明鉴！"孟明问："郑君既然犒劳我军，为何没有国书？"弦高答："我君知道将军冬十二月丙戌出兵，轻车驱驰，军行甚速，唯恐有失远迎，故口谕下臣，先来匍匐请罪，再无别的原因。"孟明见郑国对秦袭郑行动知之甚详，早有提防，只好搪塞说："秦国此次出兵是为滑国而来，怎能触犯郑国？"秦遂移兵灭滑国而去。郑国商人为国家化解了一次危机。

郑穆公三年（前625），秦军伐晋，郑国助晋击秦获胜。同年六月，郑穆公与晋、鲁、宋、陈的国君于垂陇（今河南省郑州市西北）会盟。郑穆公八年（前620），郑又与晋、齐、宋、卫、陈、许、曹等国诸大夫会盟于扈（今河南省原阳县西北）。郑穆公十年（前618），楚国乘晋内乱无暇顾及郑国之机，突然出兵伐郑。郑向楚纳币求和，由亲晋转向亲楚。几年后，晋国又乘楚王去世国内混乱之时，要求郑国参加晋国盟会，郑国又由亲楚倒向亲晋。郑穆公二十年（前608），楚国要求

开郑始祖郑桓公

郑国配合自己讨伐亲晋的陈、宋两国,郑国只好出兵,但不久又遭到晋、宋等国的兴师问罪。

公元前606年郑穆公去世后,灵公、襄公、悼公、成公、釐公相继为君。郑国仍然在晋楚的夹缝中被动挨打,亲晋则楚伐,亲楚则晋伐,晋伐则附晋,楚伐则附楚,像钟摆一样在两国之间摆动,疲于应付。直至郑简公前期,由于楚国忙于对付吴国,无力顾及中原争霸,晋国也因内讧,放松对郑国的控制,郑国的南北夹击之苦才略有减轻,获得了一时的安宁。据统计,从郑穆公二十年至郑简公十一年(前608—前555)的50多年间,郑国一直被战争所笼罩,以至于古人曾有"春秋战争之多者莫如郑"的感叹。其中,郑国被楚伐21次,被晋伐15次,被齐、宋、秦伐8次,几乎年年有战争,不是被讨伐,就是随他国讨伐别人。

五、子产中兴

郑釐公五年(前566),卿士子驷使厨人药杀釐公,时年五岁的釐公子嘉继位,是为郑简公。郑简公二年(前564),晋伐郑,子驷怕因药杀釐公而被晋诛杀,即与晋结盟交好,冬又与楚国结盟。郑简公三年(前563),子驷欲篡位为君,子孔遂使尉止杀子驷,自己为卿操控朝政。郑简公十二年(前554),简公怒于子孔专权,遂杀子孔,而以子产为卿,在朝辅政。

子产,名侨,又称公孙侨,字子产,郑穆公之孙,子国之子。子产敬慕周文王的为人,养成了仁爱、谦逊、敦厚的性格,他博学多识,具有很强的处事能力。他任卿士后,对郑国的内政、外交、刑律、赋税等进行了一系列改革,郑国国力得到一定恢复,出现了中兴之象。在内政上,他施行"作封洫",从改革田制入手,开垦田沟,重新划分公田私田,确立土地占有者的合法地位,要求农夫按耕种面积向国家纳税,提高了农夫的耕作积极性,增加了国家收入。在兵赋制度上,他施行"作丘赋",规定田地的占有者,每占"一丘"土地,就要负担"一甸"的兵赋,这便增加了国家的军费收入,保证了兵源的补充和给养的供应。在法制上,他施行"铸刑书",将国家的成文法铸于铜鼎上,公之于众,在以礼治国的同时,以法治国,德法兼用,宽严相济。他反对别人毁乡校的主张,鼓励平民在乡校中议论国事,评析朝政得失,以便统治者倾听民意。《子产不毁乡校》及以法治国思想流传后世,影响较大。子产也成为春秋法家学派的先驱。

子产是一位杰出的外交家,他以国家利益为核心,坚持务实灵活的外交策略,在大国之间平衡关系,改善了郑国长期遭受大国夹击的外部环境。他首先缓解了与东邻宋国的关系,又陪简公亲赴晋国,请求晋侯迎卫献公回国复位,又分别与晋、楚、齐等大国盟好,在大国之间不选边站队。郑简公二十一年(前545),他派人

第四章 郑国东迁和古郑国的演变发展

赴晋国通报与楚国修好的主张，后又陪简公赴楚国巩固郑楚关系，同时向楚申明郑晋友好立场，以求楚王谅解，避免误会，从而为郑国争取到较为安定的生存发展环境。

子产为人谦和，辅政有道，威望极高，天下英才皆愿与之交往。吴国著名政治人物延陵季子作为使臣曾出使郑国，与子产一见如故，互送礼物，相谈甚欢。鲁国思想家孔子周游郑国，深为子产的治国思想所折服，对子产极为尊敬，视之如兄弟。晋国政治家叔向与子产关系极好，出使郑国时，试探郑国对晋国的态度，子产引用《诗经·褰裳》中的"子惠思我，褰裳涉洧；子不我思，岂无他士"予以回答，意思是晋郑两国要互利互惠，不然郑国就会与其他国家交好。子产与叔向的个人交往，促进了两国关系向好的方面发展。

子产在郑国先后辅佐简公、定公30余年，政绩卓越，深得人心。《韩非子》载：子产"为政五年，国无盗贼，道不拾遗，桃枣荫于街者，莫有援也，锥刀遗道三日可返"。郑定公八年（前522），子产卒，郑国举国上下皆哭泣，悲之如亡亲戚，曰："子产去我死乎！民将安归？"《史记·郑世家》载：子产"为人仁爱人，事君忠厚。孔子尝过郑，与产如兄弟云。及闻子产死，孔子为泣曰：'古之遗爱也！'"子产去世后，郑人将他安葬在国都西南的山上，垒石为方墓，面向东北，以示不忘故国。

六、郑为韩灭

子产辅政形成的中兴局面仅维持了四五十年，且并未从根本上改变郑国在列强争霸中的弱国地位。子产去世后，郑国又重新被卷入大国争斗的旋涡中，屡屡为晋国所欺侮，国势愈加衰弱。郑声公八年（前493），晋国六卿之一的范氏叛晋，晋卿赵简子奉命讨伐，范氏向郑求助，郑国援以粮草。赵简子伐范氏获胜后，即出兵攻郑，郑国虽在齐国帮助下打败晋国，但与晋国的关系再次恶化。郑声公三十六年（前465），晋知伯率师再次伐郑，一举占领郑国西北部的九座城邑，郑国大片国土丧失。郑幽公元年（前423），晋卿韩武子伐郑，幽公率军抵抗，兵败被杀，幽公弟骀继位，史称郑缙公。大概在这一时期，韩、赵、魏三家分晋，周王室名存实亡，对此予以默认，三家均列为诸侯，韩都平阳（今山西省临汾市），赵都邯郸（今河北省邯郸市），魏都安邑（今属山西省），各自以国都为中心，划定势力范围，并不断向外扩张，参与诸侯争霸。其中，韩国不断向周和郑国方向扩展，先后占领郑国西南部的负黍（今河南省登封市西南）、南部的阳翟（今河南省禹州市）、西部的宜阳（今河南省境内），对郑国形成了半包围态势，成为郑国的主要威胁。

郑缙公十五年（前408），韩伐郑，夺取雍丘（今河南省杞县），把势力范围

开郑始祖郑桓公

扩展到郑国东南部。第二年,郑国在齐国的援助下讨韩反攻,把负黍从韩国手中夺回。郑缙公二十七年(前396),郑国攻打被韩占领的阳翟,在此期间郑国国内发生叛乱,2年前被缙公诛杀的当政大臣驷阳的余党,乘都城兵力空虚之机,将缙公杀害,使郑国收复阳翟的计划半途而废。

缙公被害后,权臣立缙公弟乙为君,是为郑康公。郑康公二年(前394),被郑国收复的负黍又叛郑归韩。同年,魏国出兵又侵占了郑国北方重镇酸枣(今河南省延津县境内)。郑康公十一年(前385),韩国加强对郑国西南部的攻势,夺取阳城(今河南省登封市)。至此,郑国国土缩至今新郑市、新密市、荥阳市、郑州市一带,已无力量再与韩国相抗衡。郑康公二十一年(前375),韩哀侯倾师伐郑,一举攻克郑国都城新郑,郑康公被俘遇害。韩国乘胜进军,将郑国其余土地全部吞并,又将韩国都城从平阳迁至新郑,郑亡。

郑国自公元前806年郑桓公开国,至公元前375年郑康公亡国,共历14世24君,立国431年,其中古郑国37年,新郑国394年。由于受政治、经济、军事及地理环境等因素的影响,郑国400余年的历史,整体上呈现出前盛后衰、跌宕起伏的态势。郑桓公立国开郑,寄孥虢郐,创业奠基;郑武公举国东迁,励精图治,新郑崛起;郑庄公雄图大略,开疆拓土,称霸一时。"三公"时代,是郑国发展的鼎盛时期。之后,郑国权臣当政,内乱不止,国力由盛转衰;郑国在大国的夹击中,被动挨打,受制于人,虽然子产辅政使郑国出现中兴局面,但难挽郑国衰弱之势,最后在诸侯争霸中为韩所灭。这一切都是历史发展的必然规律,非人力一时所能改变。郑国虽为小国,但郑人的开拓务实精神、重视工商的意识、灵活应变的能力,以及形成的郑语、郑风、郑声、铜铸刑书等郑国文化,在中华民族的发展史上,留下了光辉灿烂的一页。

七、郑国之后

郑国亡后,其国土为韩所有,韩在其境设郑县。秦代,为区别古郑之郑县,将韩之郑县改为新郑县。新郑这一县名一直沿用2 000多年,至1994年5月,经国务院批准,撤县设市,新郑县改为新郑市,属河南省,由郑州市代管。

新郑市位于河南省中部,北靠省会郑州市,东临中牟县、尉氏县,南连长葛市、禹州市,西与新密市接壤。南北长42公里,东西宽36公里,总面积873平方公里,总人口78.6万人。京广铁路、京港澳高速公路、107国道等国家重要交通干线贯穿全境。位于境内的郑州新郑国际机场是中原地区最大的航空港。新郑历史悠久、文化底蕴深厚,拥有8 000年历史的裴李岗文化,5 000年历史的黄帝文化和2 700年历史的郑韩文化,全国重点文物保护单位12处。战国时期思想家韩非、水利工程专家

第四章 郑国东迁和古郑国的演变发展

郑韩古城

郑国、西汉开国元勋张良等历史文化名人皆出生于此地。境内黄帝故里景区为国家4A景区。新郑紧靠河南政治、经济、文化中心——郑州市，经济社会相对发达，经济综合实力在全国百强县市排名中比较靠前，是河南省对外开放重点城市、国家卫生城市、中国优秀旅游城市。新郑市今天的发展和繁荣，与2 700年前郑国先人的开发和文化奠基息息相关。

第二节 郑人南奔

郑国东迁虢郐后，一些郑人不愿东去，也不愿留居古郑故地，便翻越秦岭，向西南迁徙到汉水上游的褒国（今陕西省汉中市）南部落脚生息，后人称此地为南郑。北魏郦道元《水经注·沔水》曰："南郑之号始于郑桓公。桓公死于犬戎，其民南奔，故以南郑为称。""郑民南奔说"已为今南郑人所认同，地方文献亦有记载。

南郑历史悠久，郑人南奔时，此地属褒国。褒国被庸国所灭，国土为庸国所有，后被秦、巴、楚三国反复争夺，先属秦，再入蜀。公元前475年，秦复取南郑，命左庶长筑南郑城，南郑地名始著。春秋末期，秦惠文王更元十三年（前312），南郑正式置县，属汉中郡。秦末，汉王刘邦曾以南郑为都城。汉末，张鲁以五斗米道在此建立政教合一的政权近30年。此后，南郑历为汉中郡、梁州、汉川郡、兴元

开郑始祖郑桓公

路、汉中府治所所在地,成为区域经济、政治、文化中心。

汉中市南郑区位于陕西省西南边陲,汉中盆地西部。南依巴山,与四川通江、南江、旺苍等县接壤;西与宁强县、勉县为邻;东与城固县、西乡县毗连;北临汉江,与汉中市汉台区隔江相望。总面积2 809平方公里,总人口约56万人,现属陕西省汉中市管辖。南郑区虽处秦岭巴山之间,但高速公路、省道、高铁等重要交通干线从境内穿过,交通便捷。南郑区在地理区划上属于秦岭、淮河以南,为北亚热带湿润季风气候区,年平均气温15.3℃,盛产茶叶、烤烟、油菜、中药材等,工业以烟草、设备制造、新型建材、矿产冶金、绿色农产品加工为主。南郑区文化旅游资源丰富,有黎坪国家森林公园、红寺湖国家水利风景区、油菜花海、川陕革命根据地纪念馆等;有南郑刺绣、汉中木板年画、汉山樵歌、采莲船、竹马灯、汉调桄桄、端公戏、春倌说春等民间艺术和文化,为陕西省首批旅游强县。其中,油菜花海景观被农业部授予"中国美丽田园"荣誉称号。南郑置县历史悠久,数千年不衰,被联合国地名专家组中国分部批准为中国地名文化遗产"千年古县"。南郑因郑人南奔栖居而著名,历经2 700余年的开发与发展,成为陕西南部一个历史文化灿烂辉煌的千年古县,这是与当初古郑人在此拓荒创业有密切关系的。

第三节　古郑国的演变和发展

一、历史沿革

古郑国所在地的历史十分悠久。据境内老官台、泉护村、元君庙、南沙等多处新石器时期古人类遗址考古发掘证实,早在距今约8 000年,先民就在这块土地上聚族而居,生息繁衍,从事农耕、狩猎、家畜饲养、采集野物、制陶等生产活动,创造了新石期时代早期的"老官台文化"。人类历史进入仰韶文化时期后,先民们在境内秦岭北麓一带台地上,建造半地穴式房屋,群居于原始氏族村落中,种植粟、稻,制作彩色陶器,编织麻布,不断从洪荒走向文明。专家从南沙遗址出

元君庙—泉护村遗址

第四章 郑国东迁和古郑国的演变发展

土的龙山文化时期遗物论证，此时的先民大概处在远古炎帝、黄帝时期，已从母系氏族社会进化到父系氏族社会，生产方式较之前已有明显进步，此地已成为开发较早的成熟农耕区。

据文献记载，帝尧时，商人的祖先契，曾带其部落从初封地商迁到此地一个叫"蕃"的地方居住生活。商代此地称为郑，先民的生产生活区，已向北扩展到渭水河畔一个叫拾的地方，拾可能已是一个人口聚集的城邑。

西周初期，周王室封彤伯于郑，建立彤国。或许由于历史过于久远和彤国立国时间过于短暂，彤国在文献中并没有留下多少信息。之后，此地绝封，成为宗周王畿之地。西周晚期，周宣王二十二年（前806），宣王封其弟友于此，始

泉护村出土的仰韶文化时期的陶鹰鼎

泉护村出土的仰韶文化时期的彩陶

建郑国。郑国是今人认为的这块土地上的第一个行政区域名称，郑桓公也成为这块土地上的首位最高行政长官。37年后，郑国东迁至洛邑以东虢郐之间，被称为新郑国。原郑国被称为古郑，作为该地的一个地域符号，一直沿用至今。郑国东迁后，一些郑人南奔至汉水上游的褒国，成为后来的南郑；另一些郑人依恋故国，不离不弃，继续在故土上生产生活。从此，古郑、新郑、南郑的郑人在不同的地域范围内，各自顽强奋斗，开创历史。

郑国东迁后，古郑地先后为犬戎、彭戏氏部族所占，后又为秦所有。

春秋时，秦国实行郡县制，于秦武公十一年（前687），在古郑地设郑县，为此地设县级建制之始，也是当时全国设县较早的地区之一。郑县建制一直延续至元代，前后约1 900年。

战国时，郑县仍属秦国。

秦代，郑县属内史管辖。

西汉、东汉、曹魏及西晋时期，郑县先后属京兆尹、雍州京兆郡管辖。

开郑始祖郑桓公

东晋十六国时期，郑县先后受辖于前赵、后赵、前秦、后秦、夏等国。

南北朝时期，太平真君元年（440），北魏于郑县设华山郡；孝昌二年（526），朝廷又在郑县设东雍州。州、郡治所均在郑县，郡领郑县、华阴、敷西（今陕西省华阴市敷水镇）、夏阳（今陕西省韩城市西）、郃阳（今陕西省合阳县）5县。废帝三年（554），西魏改东雍州为华州，辖华山郡、白水郡，华山郡领郑县、敷西2县。华州，因境内华山而得名，华州从此成为这块土地上的又一地域名称。

隋初废华山郡、华州，郑县属京兆郡。隋末又在郑县复置华山郡，领郑县、华阴2县。

唐初改华山郡为华州，领郑县、渭南、华阴（含潼关）、下邽等县。乾宁四年（897），华州升为兴德府，不久复改华州。

五代时，郑县、华州建制基本未变。

北宋及金朝，华州领地扩大至蒲城、渭南、下邽、华阴等地，先后从属永兴军路、京兆府路。

元代，朝廷实行"省县入州"，郑县建制被撤，其地由华州直辖，属陕西行中书省奉元路。

明代，华州隶属陕西承宣布政使司西安府，除辖华阴、蒲城外，一度曾辖渭南、洛南。

清雍正三年（1725），华州升为直隶州，辖蒲城、华阴、潼关3县。乾隆元年（1736），华州降为不领县的散州，属同州府（治所在今陕西省大荔县）管辖。

民国二年（1913）2月，国民政府改华州为华县，先后从属陕西省关中道、陕西省第八行政督察专员公署（治所在今陕西省大荔县）。民国三十七年（1948）8月，国民政府于华县设立陕西省第二行政督察专员公署，辖华县、华阴、潼关、渭南、临潼、蓝田6县。

1949年5月，华县和平解放后，先后属陕甘宁边区政府渭南分区行政督察专员公署、陕西省渭南分区专员公署以及陕西省直辖。1959年，华县与渭南、华阴、潼关四县合并为大"渭南县"，原华县分设为华州、高塘、金堆3个人民公社。2年后，又恢复华县建制。2015年10月，经国务院、陕西省人民政府批准，华县撤县设区，成为渭南市华州区，华县这一行政区域名称，历经103年后，成为历史。2016年1月，渭南市华州区正式挂牌运行，古郑地又掀开了新的一页。

二、历史事件

郑国东迁后，古郑国的地名历经了从郑县到华州，再到华县，最后为华州区的

第四章 郑国东迁和古郑国的演变发展

过程。在较长历史时期内,古郑地曾是关中东部政治、经济、文化中心。古郑国这块热土上的人们,在2 700多年的沧海桑田和风云变幻中,不断奋斗,创造了许多令人赞叹的辉煌业绩,在中华民族的发展史上,留下了无数难以磨灭的历史印迹。

秦晋、秦魏争战 春秋战国时期,郑县处在秦国东部边陲,是秦晋、秦魏反复争夺的军事要地。秦国在郑县武城曾设"郑所之塞",为秦与晋、魏之间的一个边境关隘,并派兵驻关守卫。从公元前619年至公元前387年的200多年间,秦晋、秦魏在郑县武城一带多次发生战争,各有胜负。郑县见证了春秋战国时期诸侯国之间攻城略地、相互厮杀的历史乱象。武城又名"武伯城""武伯营",相传为郑桓公之子郑武公在郑国东迁前所建,是狩猎时的别墅,位于今华州区柳枝镇,其遗址尚在。

商鞅于郑县被害 公元前338年,因主持秦国变法而闻名于史的商鞅,被秦惠公之师公子虔等人诬陷获罪,被迫在封地商洛一带起兵反抗,兵至郑县时,为秦军所败,商鞅被杀害,死后其尸体还被施以"车裂"重刑。

刘盆子于郑县为帝 西汉末的更始三年(25)六月,樊崇率赤眉农民起义军在进军长安路过郑县时,在城北设祭坛,通过摸竹简的方式,选中15岁的刘盆子在郑县即皇帝位,国号为汉,年号为建世,以代替之前在长安被起义军拥立的更始帝刘玄。1年后,赤眉农民起义军为汉光武帝刘秀所灭,刘盆子向刘秀投降,仅做了1年的短命皇帝。

"通化门前第一州" 唐代,华州及郑县成为京城长安的近畿重镇、东方门户,朝廷曾在华州设镇国军节度使、潼关防御使,派重兵以拱卫京师。地理位置及军事地位的变化,使朝廷对华州另眼相看,华州刺史一般都从朝廷重臣中遴选,唐代宰相令狐楚、刘晏、李绛、崔浞等17人都曾在华州任过刺史。曾任宰相的名臣陆贽、著名诗人李益都任过郑县尉。著名文学家韩愈称华州为"百郡之首,重于藩维";国子监助教欧阳詹颂郑县"望县出于百,郑县为之最";著名诗人刘禹锡称华州为"百二山河雄上国";著名诗人王建称华州为"通化门前第一州"。可见,华州的地位非一般州郡可比。

杜甫为官华州 唐肃宗乾元元年(758)六月,时任朝廷左拾遗的唐代著名诗人杜甫因疏救宰相房琯而触犯权贵,被贬到华州任司功参军,负祭祀、礼乐、学校、选举、医筮、考课之责。杜甫在华州公务之余,写了大量反映社会战乱和百姓疾苦的诗词文章,以抒发忧国忧民之感。其中,有反映华州民众深受大旱之苦的《夏日叹》《夏夜叹》,有赞美华州西溪美景的《题郑县亭子》,还写了力图挽救时局、改善社会各方面状况的《为华州郭使君进灭残寇形势图状》《乾元元年华州试进士策问五首》等文章,特别是在华州任上创作完成了中国古典诗歌史上的不朽名篇

开郑始祖郑桓公

"三吏""三别",即《新安吏》《石壕吏》《潼关吏》《新婚别》《垂老别》《无家别》。六首诗歌真实展现了战乱之中的百姓所遭受的疾苦,使杜甫现实主义诗歌创作达到顶峰。乾元二年(759)立秋后,杜甫辞职西去,开始了后半生的漂泊生活。华州百姓感念杜甫的人品才学和为政功绩,亲切称他为"杜老官",并把他经常游赏西溪的地方名为"老官台",沿用至今。

周智光华州叛乱 安史之乱后,唐王朝出现了藩镇割据、中央控制力衰微的局面。唐代宗永泰二年(766),时任华州刺史,并兼任同、华二州节度使及潼关防御使的周智光,以华州为据点反叛朝廷。他飞扬跋扈,招收不法之徒,扩充兵力至数万,在华州到处滥杀无辜、抢掠财物,并狂言自己可以挟天子以令诸侯。他还在州城为自己建生祠,令官民祈拜。大历元年(766),时任关内河东副元帅的华州籍人郭子仪,奉诏率军赴华州平叛。大军所至,叛军溃散而去,周智光为部下所杀,叛乱平息,华州被收复。

李元谅华州平朱泚之乱 唐德宗建中四年(783),路过长安的泾原节度使军队发生哗变,唐德宗仓皇出逃,朱泚在长安称帝,史称"朱泚之乱"。朱泚命大将何望之轻骑袭取华州,刺史董晋逃走。驻防潼关的镇国军节度副使李元谅闻讯,立即率部从潼关西进,将叛军何望之赶走,夺回华州,断绝了朱泚攻取中原的通道,并整修城池,补充守城器械,招募华州士卒万余人,数次击败来犯的朱泚叛军。李元谅是安息人,勇猛善战,收复华州后,被朝廷任命为镇国军节度使兼华州刺史,后率军挺进长安,与其他将领一起击退叛军,收复长安,平定了朱泚之乱。李元谅有恩于华州,华州百姓为其树碑颂德,其碑后被列为省级重点保护文物,现立于华州区公安局大门东侧,有亭遮护。

唐昭宗流亡华州 唐乾宁三年(896)七月,凤翔节度使李茂贞用兵长安,唐昭宗带嫔妃、皇子、诸王及朝廷官员逃出长安,欲北上鄜州,再东渡黄河至河东节度使李克用的大本营太原避难。盘踞华州的镇国军节度使兼华州刺史韩建图谋"挟天子以令诸侯",便胁迫昭宗改变东去太原的路线来到华州,以州署为行宫,设朝议事。朝廷百官闻知唐昭宗移驻华州,便纷纷赶来上朝履职,许多文人学士、贵族商贾也云集华州。华州城内人口一时剧增,店铺酒肆林立,车马如流,商业空前繁荣,俨然成为唐朝的"临时国都"。唐昭宗李晔本是一位年轻气盛、欲挽救唐王朝衰败境况的有志之君,但流亡华州后,在韩建的武力控制下,身不由己,难以掌控朝政。韩建因救驾有功获任中书令(相当于宰相),并以镇国军节度使兼任匡国军节度使、同州刺史,权力炙手可热。为进一步专权擅政,孤立皇帝,他解除了诸王禁军兵权,解散了2万人的皇室禁军卫队,还分别处死、罢免、贬谪了昭宗依靠的宰相、刑部尚书等朝廷大臣,又发兵包围诸王宫室,将通王、仪王、睦王、济王、韶

第四章　郑国东迁和古郑国的演变发展

王、彭王、韩王、陈王、覃王、延王、丹王等11个皇室亲王及其侍从人员抓捕，拥至华州城南秦岭的石堤峪内全部杀害。从乾宁三年（896）七月至乾宁五年（898）八月，唐昭宗如同被困在笼子的鸟雀一样，任人摆布，内心十分郁闷，在与亲王、学士一起登临华州栖云楼时，唐昭宗西望长安，悲愤交集，当宫廷乐工唱他填写的《菩萨蛮》，即"登楼遥望秦宫殿，茫茫只见双飞燕。渭水一条流，千山与万丘。远烟笼碧树，陌上行人去。安得有英雄，迎归大内中"时，听者无不动容流泪。当然，唐昭宗也经常到城西的西溪游赏，聊慰心绪。乾宁三年（896）、乾宁四年（897）秋，朝廷在华州照常开科取士，次年春发榜，共录进士40名，诸科4名，并于放榜后，在西溪为新科进士举办"师门宴"。乾宁五年（898），凤翔节度使李茂贞、宣武节度使朱全忠，对韩建挟天子以令诸侯十分不满，准备发兵夺取华州迎昭宗回京。韩建自知力弱难敌，只好放昭宗回銮长安。昭宗离华州前，改华州为兴德府，提高了华州的行政等级，并封华州郑县的少华山为"佑顺侯"，以谢神灵保佑。当年八月二十二日，唐昭宗及朝廷官员离开华州，结束了长达2年多的流亡生活。天祐元年（904），宣武节度使朱全忠强迫唐昭宗及朝廷百官迁都洛阳，并驱赶长安百姓随行。唐昭宗的銮驾到华州时，百姓跪道两侧迎接，并高呼万岁。昭宗哭着说："不要喊万岁了，朕不再是你们的主子了。"当晚，昭宗宿兴德宫，即当年的州署行宫，对左右人说："朕今漂泊，不知究竟流落到何处。"说完泪流满面，左右人不敢仰视，其状十分凄惨。半年后，唐昭宗在洛阳为朱全忠妻弟所杀，太子继位，是为唐哀宗。

宋神宗敕封少华山　宋神宗熙宁五年（1072）九月二十一日，华州东南的少华山阜头峰因地震突然崩裂，上半部山体向北溃塌，东西五里、南北十里之间，乱石溃散分裂，涌起堆阜，各高数丈，长若堤岸，压伏六社居民数百户，林木、庐舍全毁。山崩后，地裂水涌，在滑体后缘凹陷处形成堰塞湖，人称"移山潭""白崖湖"。阜头峰上半部崩塌，成为"半截山"。少华山崩本是一次自然灾害，但因当时正值王安石变法，就成为一个政治话题，新旧势力为此争论不休。保守派借少华山崩，攻击变法不当，触犯天意，认为应停止变法；而变法核心人物、宰相王安石严词反驳说："华州山崩，不知天意如何。天意不可知，人们所为也不必合天意……天地与人，了不相关，地震山摇，皆有常数，不足畏忌。"他们坚持变法到底。宋神宗赵顼历来支持王安石变法，但因敬畏天意，在下诏赈灾的同时，敕封少华山为显应侯。

施耐庵《水浒传》说华州　中国四大古典小说之一——《水浒传》，虽成书于元末明初，但描写的却是宋徽宗宣和初年山东宋江36人起义的事。书中第一个出场的梁山好汉九纹龙史进，称其家住华州少华山下，为官府所逼上少华山落草，后与

开郑始祖郑桓公

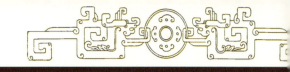

朱武、陈达、杨春3人投奔宋江,因救民女杀华州太守不成,被囚押于华州城大牢内,引发宋江带梁山大队人马大闹华州城,将其救出后,到梁山聚义。书中所言虽为文学虚构,但并非没有依据。史载,"江以三十六人,横行齐魏,官军数万无敢抗者"。春秋战国时,郑县为秦魏交界地区,东部曾为魏国所有。宋江起义军,流动作战,横行齐魏,到华州一带活动不是没有可能。另据史家考证,书中人物史进的原型名史斌,是36人之一,起义失败后回到陕西,曾在汉中、关中一带聚众继续反抗朝廷、抗击金兵侵略。史进少华山落草及宋江大闹华州城的真假虽无法判断,但其故事在民间流传了数百年。

华州大地震 明嘉靖三十四年十二月十二日夜半(1556年1月23日午夜),陕西关中地区发生了一次举世罕见的地震,波及今陕西、山西、河南、甘肃、宁夏5省区,波及面积达28万平方公里。史籍记载,地震压死官吏军民奏报有名者83万有奇,其不知名未经奏报者不计其数,死亡人数是世界地震灾害中最多的。由于华州处在地震震中,受灾特别严重,明《华州志》记载地震实况说:"及夜半,月益无光,地反立,苑树如数扑地。忽西南如万车惊突,又如雷自地出,民惊溃,起者卧者皆失措,而垣屋无声皆倒塌矣。忽又见西南天裂,闪闪有光,忽又合之,而地在在皆陷裂,裂之大者,水出火出,怪不可状。人有坠于水穴而复出者,有坠于水穴之下地复合,他日掘一丈余得之者。原阜旋移,地高下尽改故迹。"境内民房官衙、庙宇城池瞬间倒塌殆尽,举目一片废墟,死亡人数达8万人,占华州总人口的3/5。据近代地震专家研究,此次地震震级为8级,震源深度20—40公里,极震区地震裂度为11度。因震中位于华州,学界将此次地震命名为"1556年华县大地震"。

"回民起义"滥觞于华州 清同治元年(1862)三、四月间,渭南的一支回乡团勇路过华州圣山村,欲购青竹作为军械,与竹园主因价格发生争执械斗,圣山村一带汉民鸣锣聚众殴打回勇,毙亡2人。回勇到州衙告状,知州濮垚护汉抑回,当堂判告:"向后回伤汉民,以一抵十;汉伤回民,十以一抵。"这使得当地回民群情激愤,汉回关系骤然紧张。华州团练头目白祥生伙同渭南团练头目张映兰,带人截杀回民17人于麦田。华州回民惶恐不安,扶老携幼渡过渭河,到一河之隔的回民聚集区大荔羌白、王阁村,渭南仓渡等地避祸,其住地秦家滩(今渭南市华州区下庙镇秦家滩村)被团练武装放火焚毁。聚集在渭北一带的青壮年回民即刻武装起来,揭竿而起,于五月初九南渡渭河,直扑华州城,华州团练武装溃散,知州及属下逃离。回民武装在华州城乡之间,放火烧杀,进行报复性破坏,大荔、渭南沿渭河一带也为回民起义武装控制。后起义从华州、大荔、渭南向临潼、高陵、三原、泾阳、蒲城、朝邑、长安等地蔓延。清政府看事态严重,先后派钦差大臣胜保、多隆阿入陕镇压,回军抵挡不住,便保护妇女、儿童、老人全部转移至陕甘交界的董志

第四章 郑国东迁和古郑国的演变发展

原一带落脚，并转战于甘肃、宁夏、青海、新疆等地，形成更大范围的西北回民起义，坚持斗争10多年，最后为左宗棠率军彻底剿灭。起义军残部在回民领袖白彦虎的率领下，携家带口，翻越天山，最后到中亚地区定居并繁衍生息，成为今吉尔吉斯斯坦、哈萨克斯坦、乌兹别克斯坦等国的东干人。

慈禧、光绪驻跸华州　清光绪二十六年（1900）七月，"八国联军"攻陷北京，慈禧太后挟光绪皇帝仓皇出逃至西安避难。华州知州李嘉绩奉"办理前路粮台"岑春煊之命筹办迎銮事宜，整修官道，布置行宫。八月二十九日（公历10月22日）上午，两宫銮驾进入华州境内，沿途跪迎的官员百姓不绝于道。下午，太后和皇帝在州署内的行宫召见知州李嘉绩，询问华州的气候、物产、民风，并对其表示嘉许。次日晨，两宫离开华州城继续西行。时隔1年，清廷在与英美列强签订《辛丑条约》、八国联军撤出北京后，两宫由西安返京。光绪二十七年八月二十七（1901年10月9日），一行人到达华州，夜宿行宫一晚，次晨离去。

"陕东最高学府"——咸林中学　清朝末年，朝廷实行"废科举、兴学校"的新政，华州杨松轩、顾熠山、郑云章等一批知识分子，高举教育救国、团体兴学的旗帜，成立华州教育研究会，1919年4月创办"华县私立咸林中学校"，成为陕西省最早的私立中学之一。学校校名咸林，即由古地名棫林转化而来。学校选聘北京高等师范毕业的魏野畴、常汉三，北京大学毕业的王复生、王懋廷、严少儒、蔡颂臣，湖北中华大学（中国第一所独立创办的私立大学）毕业的张凯堂，上海交通大学毕业的曹苾生等青年知识分子来校任教。教师魏野畴、王复生、王懋廷为早期共产党人，他们除教学外，还在学生中传播民主科学精神和马克思主义思想，并成立了学生进步组织。1931年，咸林中学开陕东风气之先，招收女学生，实现男女同校。学校分设高中、初中、女中、小学4部，教学班20多个，学生1 000余名，占地面积90余亩，成为规模宏大、师资力量雄厚、校风严谨、管理严格、教学质量优异的"陕东最高学府"。西安、长安、三原、泾阳、华阴、大荔甚至晋南、豫西的学生均慕名来校就读。国内教育界蔡元培、李大钊、张伯苓、于右任等人对咸林中学给予关注和支持，驻陕的张学良将军为学校题词"菁莪造士"，杨虎城将军题词"继往开来"，陕西省主席邵力子题词"成德达材"。学校名扬全国，为国家培养出杨钟健、潘自力、杜松寿、吉国桢、杨述祖、高克林、雍济时、关中哲、甘一飞、钟师统等一大批优秀人才。这些人进入社会后，为中国的革命和建设做出了卓越贡献。1949年，华县和平解放后，咸林中学改私立为公有。1960年，咸林中学获国务院颁发的由周恩来总理亲笔署名的先进单位奖牌。2003年，咸林中学被陕西省教育厅命名为"省级重点中学"。

渭华起义爆发　1928年5月至6月，在华县、渭南一带爆发了著名的渭华起义，这是中共陕西省委根据中共"八七"会议精神,第一次领导和发动的农民武装起义。起义区域以华县高塘和渭南塔山为中心,东至华县少华山下,西至临潼县东,南至秦岭,北至西潼大道,形成约200平方公里的红色武装割据区域。起义由陕东特委直接领导。起义武装力量主要是以国民党陕军李虎臣部新编第三旅(旅长许权中)为基础成立的"西北工农革命军",刘志丹任革命军军事委员会主席,唐澍任总司令,刘继增任政委,王泰吉任参谋长,廉益民任政治部主任,高克林任参谋主任,许权中任军事总顾问。起义军下辖4个大队、1个警卫队、1个骑兵分队,兵力近千人。另一支武装力量为陕东赤卫队,李大德任大队长,薛自爽任副大队长,下辖4个中队、1个大刀队,人员约160人。5月1日,渭华起义第一枪在渭南崇凝打响。之后,起义烈火迅速向华县赤水、高塘,渭南阳郭、沈河川等地蔓延,进而席卷渭华大地。农民纷纷揭竿而起,成立乡村苏维埃和赤卫队,打土豪,斗地主,清算贪官污吏,收缴其粮食和浮财,并分发给贫苦农民。起义武装力量袭击渭南县城和华县县城,截击和缴获国民党军武器弹药辎重,破坏敌军交通通信设施。渭华起义风暴令国民党陕西省政府极度恐慌,军阀冯玉祥令陕西省主席宋哲元调集兵力,予以镇压。6月8日至6月10日,敌重兵两次进剿起义军,均遭失败。6月19日,宋哲元集结3个师兵力,携带火炮、迫击炮等重型武器,分东路、西路、中路向起义中心区发动第三次进攻。敌军兵力强大,而起义军处于绝对劣势,他们虽然作战英勇,顽强抵抗,但伤亡较大,革命军政治部主任廉益民、党委书记吴浩然、赤卫队副大队长薛自爽等阵亡,最后起义军各部分别向秦岭涧峪、箭峪、牛峪撤退。刘志丹、唐澍率领撤退的起义军一部在洛南县保安镇被敌李虎臣部包围,唐澍、李大德、赵雅生等革命军领导在作战中牺牲。刘志丹率突围部队到蓝田县张家坪,与撤退而来的刘继增、许权中、谢子长等召开军事会议,决定取消西北工农革命军番号,部队交由许权中带领指挥,刘志丹、谢子长赴陕甘、陕北继续组织和发动革命武装斗争,中国共产党身份暴露人员转移地方进行工作。渭华起义是继南昌起义、秋收起义、广州起义之后,中国共产党领导的又一次反抗国民党反动统治的武装起义。渭华起义虽然失败了,但为之后开展陕甘、陕北革命武装斗争,积累了经验,培养和锻炼了干部,在中国共产党党史、军史上占有重要地位。

"西安事变"华县之战 1936年12月12日凌晨,国民党西北剿总副司令、东北军首领张学良与西安行营主任、十七路军总指挥杨虎城联合发动了震惊中外的"西安事变",他们对驻临潼的蒋介石实行"兵谏",逼蒋抗日。12月13日,驻河南灵宝的中央军第四十六军二十八师师长董钊奉令率部西进,武力讨伐张学良和杨虎城。在轻松取得潼关、华阴后,他们于12月15日下午到达华县东关。16日上午,二十八师从城东向华县县城发起攻击。东北军守城的1个特务连和1个骑兵连,依托

第四章　郑国东迁和古郑国的演变发展

城墙顽强抵抗。中午,中央军空军的4架战机飞临县城上空,支援地面攻城作战,但炮弹却误投到自己攻城部队的阵地上,造成较大伤亡,后即撤出阵地。19日傍晚,二十八师冒雪向华县城发起第二次攻击,20日拂晓,攻城部队在县城东北角登上城墙,并扩大战果占领整个县城。县城作战结束后,中央军与东北军在华县与渭南交界的赤水河一带再次交火。中央军参战部队有二十八师、中央陆军学校教导总队的两个团以及中央炮兵第六团;东北军参战部队是一〇五师。24日清晨,二十八师在炮兵的支援下由赤水河东阵地向河西发起攻击。东北军依靠坚固的防守工事,顽强阻击,双方炮火激烈,一时形成胶着状态。24日晚,西安事变各方经谈判达成协议,停战命令分别下达到华县各参战部队,华县赤水对垒战结束。在12月16日至24日的9天时间里,中央军与东北军在华县连续作战两次,是西安事变中南京国民政府讨伐张学良和杨虎城所采取的唯一一次军事行动,这反映了西安事变复杂诡谲的过程和南京国民政府处理西安事变事件时鲜为人知的一面。

三、历史名人

王忠嗣(705—749),原名训,唐代华州郑县人,故里在今渭南市华州区高塘镇忠王村。其父王海滨,与吐蕃作战阵亡,王忠嗣时年9岁,唐玄宗将他收养宫中,并赐名"忠嗣"。王忠嗣后从军边疆,与吐蕃、突厥作战屡立战功,多次升迁,开元二十九年(741)任朔方节度使(治所在今宁夏回族自治区灵武市,辖境相当于今宁夏回族自治区及相邻的内蒙古自治区部分地区),天宝三载(744)兼河东节度使(治所在今山西省太原市,辖境相当于今山西省中部),天宝五载(746)又兼河西节度使(治所在今甘肃省武威市,辖境相当于今甘肃省河西走廊地区)和陇右节度使(治所在今青海省海东市乐都区,辖境相当今甘肃省东南部及青海省青海湖以东地区)。当时唐朝共设10个节度使,总兵力约50万,王忠嗣一身任四镇节度使,掌四镇之兵27万,约占唐朝总兵力一半以上,史称"佩四将印,控制万里,劲兵重镇,皆归掌握"。唐代中期许多名将如李光弼、哥舒翰等皆为其部下。天宝六载(747),王忠嗣因在石堡城(今青海省西宁市西南)与吐蕃作战,遭人诬告被贬为汉阳(今湖北省武汉市汉阳区)太守,第二年又转任汉东郡(今湖北省随州市)太守。天宝八载(749),王忠嗣在任上因暴病去世,终年45岁,葬于故里。

郭子仪(697—781),唐武则天万岁通天二年(697),生于华州郑县即今渭南市华州区莲花寺镇西马村一个官宦之家。郭子仪20岁参加武考,考绩优等补为左卫长上,从此步入军伍。唐玄宗天宝十二载(753),他任天德军使兼九原太守。天宝十四载(755),安史之乱爆发,郭子仪临危受命任朔方节度使,率军平乱,屡战屡胜。后叛军陷东都洛阳和西京长安,唐玄宗出逃,太子李亨在灵武即皇帝位,

开郑始祖郑桓公

是为唐肃宗。郭子仪回师灵武护驾，被任为兵部尚书、同中书门下平章事（俗称宰相），仍兼朔方节度使。至德二年（757），郭子仪任关内、河东副元帅，相继收复长安、洛阳两京，立下"再造唐室"之大功，并因此兼任中书令达24年，人尊称其为"郭令公"。宝应元年（762），其任兴平定国副元帅，平定了绛州（今山西省新绛县）兵变，进封汾阳郡王。唐代宗广德元年（763），郭子仪任关内副元帅，率军战胜吐蕃，再度收复长安。大历十四年（779），朝廷赐号"尚父"，晋封郭子仪为太尉。建中二年（781），郭子仪病逝，享年85岁。不久，唐德宗诏令其配享武庙，绘图凌烟阁。郭子仪生有八子八女，孙辈数十人。其中，有人娶帝王公主为妻，被封驸马；有人入后宫，为帝王后妃。第六子郭暧，娶代宗第四女升平公主为妻，被授予驸马都尉。这两人一个为将门之后，一个是金枝玉叶，他们在内房幔帐中斗嘴的事，被后人编为戏曲《打金枝》广为流传，这也使郭子仪父子成为中国百姓家喻户晓的人物。郭子仪是唐代著名的军事家、政治家，一身承担国家安危20多年，平乱复安，抵御外寇，安邦定国，功盖天下。《旧唐书》《新唐书》皆为其立传。伟人毛泽东也认为郭子仪这个人很有政治头脑。华州人对郭子仪尊崇备至，为其建祀、塑像、立牌楼，国内外郭子仪后裔每年也都来其故里拜谒祭祖。

毕士安（938—1005），字仁叟，生于五代后晋天福三年（938），祖籍代州云中（今山西省大同市）。毕士安幼时，其父曾任观城县（今河南省清丰县南）县令，后死于任上，全家便落户观城。毕士安自小喜欢读书，继母祝氏便带毕士安辗转迁居到华州郑县拜师求学，从此落籍郑县，成为华州郑县人。宋太祖乾德四年（966），毕士安进士及第，任翰林学士。宋真宗咸平年间，毕士安先后任吏部侍郎、参知政事（俗称副宰相）。当他任新职谢恩时，宋真宗让其推荐共同辅政的宰相，毕士安便推荐了忠义且善断大事的寇准。不久，毕士安与华州下邽人寇准一同被任为宰相。景德元年（1004）九月，辽军大举入寇，朝野震骇。参知政事、临江人王钦若主张迁都金陵（今江苏省南京市）；阆州人陈尧叟主张迁都成都。宋真宗畏战，犹豫不决。毕士安和寇准力陈不可迁都避战，并坚请真宗御驾亲征，君臣协力抗辽。在二人的据理力争下，宋真宗赴澶州（今河南省濮阳市）督战，毕士安和寇准随行。真宗到澶州后，宋军士气大振，战局开始扭转，辽军同意双方议和，最后以北宋向辽国每年输银10万两、绢20万匹，辽国退兵再不侵犯宋境达成和议，史称"澶渊之盟"。此后100多年间，宋辽两国再无大的战事，基本维持着较为长久的和平局面。景德二年（1005）十月，毕士安早朝时突发疾病，回家后去世。真宗前往吊唁，称毕士安正身谨慎，有古人之风。

王维桢（1507—1556），字允宁，号槐野，明代华州平定里（今渭南市华州区下庙镇东）人。王维桢于嘉靖十四年（1535）进士及第，先后任庶吉士、检讨、修

第四章 郑国东迁和古郑国的演变发展

撰、署南京翰林院事等职，参加了《明会典》的续修，也曾担任北京会试、顺天府乡试的考官，为朝廷选拔了许多优秀人才。他在文学方面造诣很深，是明代"前七子"学派的重要继承人，文风效仿"前七子"之首——李梦阳，散文循司马迁，诗从杜甫，文章气节名扬当世，有《存笥稿》《李律七言颇解》《杜律七言颇解》等著作传世。嘉靖三十四年（1555）冬，王维桢晋升为南京国子监祭酒，在赴南京上任途中得知老母患病，便顺道归里探视，回家后不幸遭遇华州大地震，遇难身亡，死后葬于华州城南（今渭南市华州区华州街道办吴家王坟村旁）。时任内阁首辅严嵩为其写了《祭南京国子监祭酒王槐野先生文》，刊刻石碑之上，立于王维桢墓前。此碑现存渭南市华州区文庙院内，为国家二级保护文物。

杨钟健（1897—1979），字克强，陕西华县莲花寺镇龙潭堡人，出身书香门第，父亲杨松轩是当地著名教育家、陕东最高学府咸林中学的创办人之一。1917年杨钟健考入北京大学预科，1919年入北京大学地质系。其间，他参加"五四"运动，组建"陕西省旅京学生联合会"，赴上海出席全国学生代表大会，主编《秦劫痛话》《秦钟》《共进》等进步刊物，参加少年中国学会和北京马克思学说研究会，并两度担任学会执行部主任，与毛泽东同志曾经发生过工作关系，后加入中国社会主义青年团。第一次国共合作时期，李大钊、邵力子介绍杨钟健加入中国国民党。1923年北京大学毕业后，杨钟健赴德国留学，考入慕尼黑大学地质系古生物专业，毕业时获哲学博士学位。1928年回国后，他在北京国民政府实业部的地质调查所，主持新生代研究室对周口店北京人遗址的发掘，引发轰动。1929年后，杨钟健的学术研究方向主要在于古哺乳动物学和第四纪地质方面，其研究成果使他成为中国哺乳类化石和新生代（特别是第四纪）地质学科的奠基人和带头人。1936—1937年，他连续两年当选中国地质学会理事长。1937年"七七"事变后，杨钟健只身南下昆明，任地质调查所昆明办事处主任，并兼西南联合大学名誉教授，参加云南禄丰动物群的发掘研究，成为当时国际上最活跃最有成就的古脊椎动物学家之一。1944年，他赴欧美考察讲学，1946年3月回国后，在南京任中国古生物学会理事长，次年春兼任北京大学地质系教授。1948年秋，他出任西北大学校长。1949年4月，国民党政府引诱、胁迫他去台湾，被其严词拒绝。新中国成立后，他先后任中国科学院编译局局长、科学院古脊椎动物研究室主任、古脊椎动物与古人类研究所所长、北京自然博物馆馆长。1962年，他被美国古脊椎动物学会聘为会员。1956年4月，杨钟健加入中国共产党，后当选为第一届至第五届全国人民代表大会代表。1975年，他被英国林耐学会聘为会员。1979年1月15日，杨钟健在北京因病去世，享年83岁。杨钟健为中国古脊椎动物和古人类研究做出了极为突出且富有开拓性的贡献，是享誉世界的自然科学家，他与达尔文等3位世界级科学家的肖像至今仍悬挂在英国皇家

开郑始祖郑桓公

博物馆内,受到国际科学界的敬仰和尊重。

潘自力(1904—1972),原名自励,陕西省华县高塘镇枣园人,18岁时考入本县咸林中学读书,受进步教师魏野畴、王复生的影响,追求新思想,被公推为咸林中学及华县学生自治会会长,并参加了共产党的外围青年组织励志社。1925年10月,潘自力被派到苏联莫斯科中山大学学习,在此期间由社会主义青年团员转为共产党员。1927年5月回国后,他在陕西从事中国共产党的地下工作。1928年1月,其任陕西省委书记,后被选为中国共产党第六次全国代表大会代表,在上海赴会期间,中央向其下达了发动群众、武装群众、以武装起义推翻国民党反动统治的指示。回陕西后,他按照中央指示和精神,组织领导渭华起义。1928年10月,潘自力在西安被国民党逮捕,狱中经受酷刑,但始终坚守党的秘密。1930年10月,他越狱逃出,因无法接上党的关系,遂受杨虎城的资助去法国留学,后辗转英国、苏联,于1933年5月回国。1935年1月,他在四川北部找到红四方面军,出任总政治部干事,后参加了长征。1936年9月,潘自力重新入党。10月,红二方面军和红四方面军在甘肃会宁胜利会师后,他到达延安,在红军大学任政治教员。抗日战争中,潘自力又调至晋察冀军区,先后任军区政治部宣传部部长、政治部副主任、野战军政治部主任、十九兵团副政委兼政治部主任等职。1947年7月,潘自力任十九兵团政委,进军宁夏,宁夏和平解放后,转入地方任中共宁夏省委和省政府领导。1952年,潘自力任陕西省委书记。1955年1月,他转至外交战线工作,先后任中国驻朝鲜、印度、尼泊尔、苏联等国的特命全权大使。在党的第八次全国代表大会上,潘自力当选为中央候补委员。"文革"中,潘自力因受迫害,1972年5月22日在北京逝世,时年68岁。

钟师统(1913—2001),陕西华县高塘镇吉家河村人,原名种金耀,参加红军后改名种师统、钟师统。钟师统于1926年加入社会主义青年团,1927年转为共产党员,1928年5月参加了渭华起义,起义失败后流亡外地。1931年,陕西省委派其赴苏联中山大学学习,到达天津后因误期未成行,后考入北平市立师范学校,参加"南下示威请愿团"到南京请愿,被国民党武装押回北平。其后,他在北平、察哈尔、绥远、陕西等地进行抗日宣传活动。1937年2月,钟师统到陕西陈炉镇工农红军第二方面军司令部,与司令员贺龙相识,之后一直在贺龙直接领导下工作。1937年9月,他随一二〇师赴山西抗日前线,后进军冀中,又转战晋察冀,参加对日作战。1946年12月,钟师统任陕甘宁晋绥联防军步兵学校政委。1948年9月,其任西北人民军政大学党委书记兼副校长。1949年5月,钟师统赴西安开办中国人民解放军西北军区军

第四章　郑国东迁和古郑国的演变发展

政大学。1953年9月,他负责筹建中央体育学院,任学院院长、第一书记。1979年,他任中华全国体育总会主任、中国奥林匹克委员会主席。任职期间,国际奥林匹克委员会宣布:中华人民共和国奥林匹克委员会为中国全国性的奥林匹克委员会,使用中华人民共和国的国旗和国歌;台北奥林匹克委员会只作为中国的一个地方机构留在国际奥林匹克委员会内。1980年12月,他率中国体育代表团参加了在菲律宾举行的东亚运动会。1984年,他赴美国洛杉矶出席奥运会,10月1日下午,国际奥林匹克委员会主席萨马兰奇授予其奥林匹克银质奖章,以表彰他对奥林匹克运动发展所做出的贡献。钟师统是第三届全国人民代表大会代表,第五、六、七届中国人民政治协商会议全国委员会常务委员。晚年时,他受时任中国人民解放军总政治部主任余秋里委托,负责组织《贺龙元帅兴学建军史略》一书的编纂工作。2001年9月24日,钟师统病逝于北京,享年88岁。

四、当代华州

古郑国从周宣王二十二年(前806)开国,历经郑国、郑县、华州、华县、华州区等地名的变迁,约2 800年的沧海桑田使此地由一个古老的诸侯小国嬗变为一个拥有现代文明的新华州。

(一)地理资源、行政区划及社会经济状况

渭南市华州区位于陕西关中平原东部,南跨秦岭与商洛市洛南县交界,北临渭河与大荔县、临渭区隔水相望,东与华阴市毗邻,西与临渭区相连,西南一隅与西安市蓝田县接壤。南北长41.1公里,东西宽27.7公里,总面积1 139.5平方公里。地势南高北低,海拔落差达2 312米,南部为秦岭华山山地,西南为黄土台塬,北部为渭河冲积平原。气候类型为大陆性季风半湿润气候,四季分明,光照充足,降水丰沛,年平均气温14.5℃。境内河流以秦岭山脊为界,分属黄河流域的渭河水系和南洛河水系。全区水资源总量达33 348.48万立方米,为关中富水区之一。境内矿产资源丰富,已探明的金属、非金属矿产资源计28种。其中,钼的储量达10多亿吨,居世界前列,为世界六大钼矿床之一;锶矿储量居全国第二。华州区耕地面积42万亩,土地肥沃,水利条件优越,为关中平原农业发达地区之一,盛产北方地区可种植的各种农作物,蔬菜瓜果最为驰名。境内生态环境优良,森林覆盖率达56%。

华州区下辖杏林、瓜坡、大明、高塘、金堆、柳枝、下庙、赤水、莲花寺等9个镇和华州街道办事处,共121个行政村,14个城镇社区,总人口约36万。有汉族、回族、满族、壮族、蒙古族、苗族、土家族、朝鲜族、布依族、白族、维吾尔族、藏族、纳西族、撒拉族、黎族、彝族、傣族、锡伯族等18个民族。华州城区位于境域中部,呈"五纵八横"框架结构,水电天然气能源、道路交通、通信网络等基础设

施先进，功能齐全，现代化的学校、医院、购物超市、商务酒店、生态公园、文化休闲广场、娱乐中心、居民小区分布在城区各处。华州区人民政府位于子仪大街政务中心。城区距北京市约1 200公里、距西安市约90公里、距咸阳国际机场约120公里、距渭南市区约30公里、距西岳华山约30公里。陇海铁路、郑西（郑州—西安）高铁、连霍（连云港—霍尔果斯）高速、310国道四条东西交通大动脉从城区穿过，渭玉（渭南—蓝田玉山镇）高速从境内西部南越秦岭与陕沪高速相连，交通发达便捷。

华州经济社会发展较快，2017年生产总值达95亿元，居渭南各县市前列。工业以有色冶金、化工、装备制造、能源、制药为主。重点工业企业金堆城钼业集团有限公司，钼系列产品生产能力在国内处于领先地位，主要产品除满足国内市场外，还远销欧洲、美洲、非洲各国，及亚太地区的日本、韩国、印度、澳大利亚等国家，被中国矿业联合会授以"中国钼业之都"称号。陕西陕化煤化工集团有限公司为陕西省最大的化肥生产基地，生产的"华山牌"尿素、"陕复牌"磷酸二铵闻名全国。

华州农业以蔬菜最为发达，蔬菜总面积达30多万亩，其中，温室蔬菜面积10多万亩。地方名优特产有华州山药、赤水大葱、柳枝香椿等，均已通过国家农产品检测机构认证，成为馈赠亲友佳品，热销于国内大中城市。华州区先后被评为"国家级无公害蔬菜基地县""中国果菜标准化建设十强县""全国农业标准化（蔬菜）示范县"，并被确定为"陕西高校蔬菜供应基地"。

华州区文化、教育、科技、卫生、社会保障等方面全面发展。依法治县、小城镇建设、美丽乡村建设名扬全省，并荣获"国家卫生城市""全国法制宣传教育先进县""全国农村集体三资管理示范县"等多项国家级荣誉称号。

（二）人文古迹和非物质文化遗产

华州历史悠久，文化积淀深厚，人文古迹荟萃，素有陕西东部文化大县之誉。境内有文物点300余处，其中，古遗址59处，古墓葬12处，古建筑16处，石刻221处，革命文物5处，其他文物3处。其中，泉护村—元君庙遗址、渭华起义旧址（三教堂和郭家庄小庙）、南沙遗址、桥上桥等4处7点被列为国家级重点文物保护单位。郑桓公墓、东阳古墓群、禅修寺大殿、李元谅碑、文庙大成殿、宁山寺、永庆寺、潜龙寺、蕴空禅院、高塘会馆、药王庙、桥峪古栈道遗址等12处被列为省级重点文物保护单位。区内馆藏文物1 184件，其中，三级以上珍贵文物91件。华州有31个文化项目被分别列入不同级别的非物质文化遗产保护项目名录，其中国家级1个，省级8个。影响较大者有：

第四章 郑国东迁和古郑国的演变发展

华州皮影 相传华州皮影源于西汉，兴于唐宋，盛于明清，民国时进入顶峰。华州皮影以古朴的造型、精细的雕工和独特的着色技法，代表着中国皮影雕刻艺术的最高水平，堪称"中华一绝"。华州皮影吸收了汉代石（砖）画像及历代民间剪纸和唐宋寺院壁画的手法与元素，以上等牛皮为原料，经刮、磨、刻、染、缀等24道工序精工细作而成。造型小巧玲珑，剔透疏朗，浪漫夸张，面部形态逼真生动；色彩自然柔和，丽而不

华州皮影

艳；雕工精良，纹饰繁密细致，线条流畅，极具艺术欣赏和收藏价值。华州皮影戏表演由前声、签手、下档、上档、后槽等5人在幕后分工合作完成。唱腔为陕西东路的碗碗腔，柔美典雅，委婉动听。20世纪80年代以来，华州皮影名噪国内外，皮影传承人曾多次参加全国民间表演比赛活动，屡屡获奖，并应邀参加《活着》《关中匪事》等电影、电视剧的拍摄活动，并代表中华民间文化走出国门，到东南亚、欧洲等地进行文化交流。中央电视台、香港凤凰台及其他省市电视台经常来华州拍摄专题片，宣传华州皮影。皮影雕刻艺术品，已远销美、日、法等20多个国家。华州皮影已被列入国家级非物质文化遗产保护名录，华州也被国家文化部命名为"中国皮影艺术之乡""国家文化产业示范基地"。华州现有皮影非遗项目传承人薛宏权、汪天喜、张华州多人，雕刻艺人达1 000余人，演出班社5家。

华州面花 华州面花是流传于华州民间的一种传统文化艺术，历史悠久。面花又称"礼馍""花花馍"，是由上等小麦面粉手工制作，再行上笼蒸制而成，主要用于岁时节令、婚丧嫁娶、供奉祭祀、贺寿贺婴、送灯乔迁等风俗礼仪活动。华州面花造型千姿百态，花鸟虫鱼、十二生肖、神话故事、喜庆成语等都可成为面花制作的素材，如"二龙戏珠""喜鹊闹梅""龙凤呈祥""双鱼戏莲""唐僧取经"等，意向生动，寓意深刻，手法多样，大小不同。大的如"高馍盘"，上下七层，高约丈余，重约百斤，用于民间最隆重的礼仪活动；小的如"燕子"，仅有小孩手掌大小，清明上坟时，挂在小孩肩扛的柳枝上，如翻飞的春燕。华州面花与其他地方的面花相比，不甚着色，有雪白鲜亮、素气淡雅的特点，保留了面粉原有的色、香、味，既能观赏、又能食用。自古以来，华州面花代代相传，成为一种雅俗共赏

开郑始祖郑桓公

华州面花

的民俗艺术,华州面花传承人曾多次参加陕西省及全国面花工艺大赛,连获重奖,并受到李先念、习仲勋、刘澜涛等党和国家领导人的赞扬。中央美术学院和中国美术馆专家称其为"神州一绝"。华州面花已被确定为省级非物质文化遗产保护项目。

华州剪纸

华州剪纸 华州剪纸是流传于华州民间的一种手工艺术,已被列入市级非物质文化遗产保护项目。其作品有窗花、门笺、灯花、喜花、春花、寿花、墙花、顶棚花等,或在春节、元宵节张贴,或在结婚时作为新房装饰,或在礼品器物上放置。华州剪纸常以花卉、动物、人物或民间故事为主题,寓意深刻,用以反映人们对美好生活的祝福和祈盼,烘托时令佳节热闹喜庆的气氛。华州剪纸的艺术特点是精巧细致,风格明快,画面灵秀清丽,形象生动活泼,文化蕴含深厚。近年来,华州剪纸逐渐由实用向艺术欣赏转化,成为人们欣赏和收藏的艺术品。华州剪纸传承人白明霞、刘春荣等在继承传统剪纸工艺和图案样式基础上,探索创新,融传统与现代为一体,使华州剪纸更具时代特色,图案内容更加丰富多彩,工艺水平更加精致细腻,曾多次参加各级各类非物质文化遗产展示展演活动,屡获大奖。

(三)旅游资源

华州壮美的山河、绮丽的自然风光和灿烂辉煌的历史文化,孕育了丰富的旅游资源。21世纪以来,伴随着旅游业的兴起,华州建成了一批主题鲜明的旅游景区和景点。

陕西少华山国家森林公园 少华山国家森林公园位于华州城区东南秦岭北麓一带,总面积63平方公里,是陕西东部西安—华山黄金旅游线上集山水观光、生态休闲、登山健身为一体的山岳谷地型旅游风景区,并是国家级森林公园、AAAA景区和省级地质公园。公园分为少华峰、潜龙寺、红崖湖、石门峡、密林谷五大景区,有少华山、敷谷湖、寇公祠、天仙瀑布、猴王峰、石门、九龙潭、鹰石、母子峡、石板河、玻璃栈道、仰天大佛等著名景点70余处。园内的少华山,与西岳华山并称"二华",融佛教、道教于一山,有玉皇庙遗址、陈抟老祖"少华石室"、华阳真人"仙人洞"、天下第一禅林——潜龙寺。少华山中有与汉光武帝刘秀避难、隋末农民起义军头领王伯当聚义、北宋宰相寇准读书、梁山好汉史进落草等丰富多彩的民间传说及相关的景物。历代文人墨客杜甫、王昌龄、岑参、刘禹锡、白居易、杜牧、张乔、郑谷等在此为官或路过观光,留下了大量的诗词文章和趣闻逸事。峻秀的山峰、神奇的巨石、跌宕的流水、多姿的瀑布、澄碧的湖潭以及深厚的文化底蕴,使来访的游人心旷神怡。

少华山龙首阁

开郑始祖郑桓公

渭华起义纪念馆 渭华起义纪念馆位于华州区西南的高塘镇境内，是1928年5月渭华起义西北工农革命军军委指挥部、司令部、中共陕东特委等领导机关的旧址。纪念馆坐北面南，占地面积37 000平方米，建筑面积3 649平方米，展陈面积1 590平方米，馆内收藏文物75件，各类照片1 200余幅，文献资料75件，革命遗址5处。其中，15个砖铺大字"同志们赶快踏着先烈的鲜血前进啊"在全国革命文物中绝无仅有，属国家一级革命类文物。邓小平、徐向前、习仲勋等党和国家领导人都曾为纪念馆题词。纪念馆南侧建有革命烈士纪念塔，塔高32.2米，塔身正面镌刻邓小平"渭华起义烈士永垂不朽"的题词，背面是中共陕西省委、陕西省人民政府题写的碑文。纪念馆内树木花草茂盛，小桥流水潺潺，景色优美，基础设施完备，已成为国家级重点文物保护单位、全国爱国主义教育示范基地、国家国防教育示范基地、国家3A景区、国家红色旅游经典景区。

渭华起义纪念馆

开郑始祖郑桓公

第五章

中华郑氏

开郑始祖郑桓公

中华民族姓氏文化源远流长，博大精深。据文献记载和考古发现，中华民族的"姓"源于远古时期母系氏族社会的图腾崇拜，距今已有5 000年以上的历史。古人类在漫长的繁衍进化过程中，婚姻形式最初是原始状态下的"群婚制"。母系氏族出现后，实行的是"族内婚"，人们"只知其母，不知其父"。经过长期观察和体验，人们逐渐意识到，氏族成员均源于同一母系始祖，有共同的血缘关系，"族内婚""血亲婚"不利于人类的繁衍和后代的成长，婚姻形式便由"族内婚"向"族外婚"转变。这是古人的智慧。实行族外婚就要求对不同血统的氏族加以区分，其区分的标识在文字产生前是各氏族部落的图腾，文字产生后就演变为"姓"。我们知道，远古时期氏族部落的图腾，是氏族部落公认的祭祀和崇拜的保护神，是辨认血缘氏亲及亲属关系的依据，也是维系氏族及亲属关系的标志，到后来图腾就演化为该氏族的共有姓源。可以说"姓"从产生，就具有明世系、别婚姻的社会功能，从图腾演变为姓，以区别血亲关系，是人类社会文明的体现。由于"姓"起源于以母系为中心的氏族社会，中国最古老的姓大都从"女"旁，如姚、姒、姬、姜、妫、妘等。许慎《说文解字》曰："姓，人所生也……从女而生。"可见，"姓"的含义是"女"所"生"，说明同姓的人都是同一位女性祖先的子孙，"姓"也成了母系氏族社会具有同一血缘关系人群的标志，成为氏族部落的族姓和徽号。

中华民族姓氏之"氏"，产生于母系氏族社会之后的父系氏族社会，要比"姓"的产生晚约数千年。在母系氏族末期，随着生产的发展和氏族部落之间的战争，男性逐渐代替女性，在氏族部落中居于中心地位，原来以母系为中心形成的血缘世系，便逐步发展到以父系为中心来确定。在长期的部落兼并战争中，实力强的部落联盟在兼并了弱小氏族部落后，便对有功人员进行封赏，允许他们带领家人、部属及获得的奴隶，到占领区开辟新的生活区域。在新的部落中，居于领导地位或优越地位的姓群，除获得新居住地外，还得到一种与地域有联系的新的标识，这种标识便是"氏"。据《左传》记载，鲁隐公八年（前715），大夫众仲就"姓"和"氏"的来历及关系说："天子建德，因生以赐姓，胙之土而命之氏，诸侯以字为谥，因以为族。官有世功，则有官族。邑亦如之。"这就是说，天子分封有功德的人，根据他们的出身即血缘关系给予姓称，再分给他们土地而给于氏称。诸侯以字作为谥号，后便成为族号；担任官职而世代有功者，就以官名为族号；也有以受封采邑作为族号者。这里的族号就是"氏"。可见，"氏"是天子赐予贵族诸侯的，庶民和奴隶是没有氏称的。这也说明氏是姓衍生的产物，是姓的支族。这种以"氏"别贵贱的风尚在父系氏族社会到先秦时期相当盛行，形成"同姓异氏，一姓多氏"的社会现象。如炎帝姜姓部落之后出现列山氏、祝融氏，及齐、吕、申等氏族分支；黄帝姬姓，有25子，后分为12个氏族。以鸟为图腾的伏羲氏族部落，

第五章 中华郑氏

风姓,其后裔分为凤鸟氏、玄鸟氏、丹鸟氏、青鸟氏等。进入夏代,分封制出现,姒姓中以国为氏的有夏后氏、有扈氏、有男氏、彤城氏、褒氏、费氏、辛氏等。至商代,"胙土命氏"正式成为氏产生的主要途径。王室除嫡长子继承王位外,其余嫡子、庶子皆有被分封及"胙土命氏"的权利,王朝的功臣勋戚及臣服的附庸部落首领,也被封赐侯国、采邑,以国为氏者较夏代大为增多,史称"八百诸侯",殷氏、宋氏、时氏、萧氏、崇氏、周氏、杞氏、阮氏等,皆是以国为氏。周武王灭商后,大封同姓(姬姓)、异姓诸侯,"封国有鲁、郑、卫、晋、吴、虞、霍、虢、官、蔡、巴、随之别,受封诸侯以国为氏,形成新的氏族"(赵凡禹《中华姓氏大典》)。此外,还有以邑为氏、以爵为氏、以族为氏、以谥为氏、以技为氏等多种形式,并出现了"一姓多氏、一人多氏"的姓氏现象。这种"胙土命氏"的宗法制度直至春秋末期分封制逐渐瓦解及郡县制逐渐兴起才荡然无存,"氏明贵贱"的社会功能随之消失。秦汉及以后,姓与氏合二而一,成为表明个人及家庭血缘关系的符号,并沿袭至今。

姓与氏在夏、商、周三代,是既有联系,又有区别,不能混用的两个概念。宋郑樵《通志·氏族略》曰:"三代之前姓氏分而为二,男子称氏,妇人称姓,氏所以别贵贱,贵者有氏,贱者有名无氏。……姓所以别婚姻,故有同姓、异姓、庶姓之别。氏同姓不同者,婚姻可通;姓同氏不同者,婚姻不可通。""三代之后姓氏合而为一,皆所以别婚姻,而以地望别贵贱。"从中可以看出,三代与秦汉之间,是中国姓氏演变发展的一个转折期。在秦汉以前,姓是姓,氏是氏,承担的社会功能各有不同,不能混用;秦汉及以后,姓与氏合二为一,姓也是氏,氏也是姓,合称姓氏,可以通用,其功能单一,皆是表明个人及家庭血缘关系的符号。

中华民族的姓氏,自远古母系氏族社会产生以来,已有5 000年以上的历史,且经历了从图腾演变为姓,从姓再衍生出氏,由姓氏分而为二演变为合二为一等错综复杂的发展过程。了解中华民族姓氏产生和演变的历史脉络,对于当今人们追本溯源、寻根问祖是有必要的。

第一节 郑氏源流

一、郑氏的起源

我是谁?我从哪里来?我到哪里去?这是人类出现以来,不断追问自己的本真而终极的问题。人类进化已经跨越了数百万年,至今仍有大量居住在中国各地的国人乃至海外的华侨,不辞跋山涉水之艰、漂洋过海之险,四处寻根追源,苦苦寻觅

开郑始祖郑桓公

自己家族的源头,就是究问这一本真问题的延续和拓展。

华夏郑氏是中华民族大家庭中的大姓之一,有约2 800年的发展历史和独具特色的姓族文化。关于郑氏渊源,历代学者多参考和引用《新唐书·宰相世系表》中的表述:"周厉王少子友封于郑……为韩所灭,子孙播迁陈宋之间,以国为氏",其后望出荥阳。以上所述包含三个史实内容:一是"周厉王少子友封于郑",即周宣王二十二年(前806),宣王封其弟友即后来的郑桓公于郑地(今陕西省渭南市华州区),创建郑国,成为郑国的开国国君,"胙土命氏",开创了姬姓郑氏的先河。二是"为韩所灭,子孙播迁陈宋之间,以国为氏",即周烈王元年(前375),韩国灭郑国,郑国国君郑康公罹难,郑幽王之子公子鲁携公室族人等东徙,避居于陈(今河南省淮阳县)、宋(今河南省商丘市)之间。郑桓公这支后裔因怀念故国,即以郑国国名为氏。三是"望出荥阳",即汉唐期间,陈郡(陈地后变为陈郡)郑氏一支迁居荥阳郡发展壮大,人才辈出,涌现出许多高官显贵,宗族势力显赫,至北魏孝文帝太和年间,"魏主雅重门族,以范阳卢敏、清河崔宗伯、荥阳郑羲、太原王琼四姓"为望族。荥阳郑氏被官方置于较高的位置,因此,荥阳郡即成为郑氏的郡望。上述三个史实内容,也相应地表明了三个内涵:一是中华郑氏起源于郑国,郑桓公是郑国的开国始祖,也是天下郑氏的开姓始祖。这与"天子建德,因生以赐姓,胙之土而命之氏"是相符的。郑桓公获得郑国的封地,贵为诸侯国君,以国为氏,成为姬姓郑氏,是有充分依据的。二是公子鲁在郑国亡后,带郑室公族也就是郑桓公后裔,避居于陈宋之间,以国为氏,公子鲁及随迁的郑室公族后裔,也成为姬姓郑氏。三是荥阳郡郑氏宗族势力强大,在华夏郑氏的迁播及发展壮大中,发挥着重要作用。上述三个史实内容和三个内涵,是郑氏发展史上的三个关键要点,基本反映了郑氏的起源和发展的概况,也得到了郑氏文化研究者的认可。当代郑氏文化研究者郑自修编纂的《郑氏族系大典》一书,是华夏郑氏宗族文化的一部经典大著。关于郑氏起源与发展历史,他这样表述:"郑国是郑氏的先君之国,从公元前806年郑桓公封于郑开始,郑氏便开始了独立发展的历史。到公元前375年郑国被韩国所灭止,在长达400余年的历史中,郑氏经历了桓、武、庄三公的开拓鼎盛时期,厉公之后较为平缓的稳定时期和郑声公之后的衰落灭亡时期。整个郑国时期的郑氏历史,是一部充满奋进与退缩、兴奋与遗憾、智慧与愚昧、荣誉与屈辱的兴衰史。""从桓公封郑,郑氏至今已历经2 810年的曲折复杂的历史,子孙后裔遍布世界各地。""对于郑氏来说,桓公封郑是件开天辟地的大事,天下从此有了以'黄帝—后稷—周文王—周厉王—郑桓公'一脉相承而后扬名天下的郑氏望族。历史的、现在的,不管你是真正的血脉传承,还是其他血脉的融合归附,只要你姓郑,你的传承世系都必须置于郑桓公这个光辉永久的名字之下。"从以上内容可以看出,郑氏的历史发展是从郑桓公和郑国开始的。因此,华夏郑氏的源头和根脉是郑

第五章 中华郑氏

桓公和郑国。

二、郑氏的上溯

郑桓公是华夏郑氏的开姓始祖。文献记载,郑桓公为周文王第11代孙,周厉王少子,周宣王之弟,姬姓,名友。据此可知,郑氏是由周族姬姓衍生出来的姓氏。周族的始祖名弃,又称后稷,因助禹治水有功,被帝舜封于邰(今陕西省武功县),被赐姬姓。其母姜嫄,有邰氏女,出自炎帝姜姓部落。传说姜嫄在野外无意中踩到天帝足迹,怀孕生弃。这个传说符合远古母系氏族社会时期人们"只知其母,不知其父"的特征。据《中国通史》记载,姜嫄确有其人,是帝喾的元妃,也就是正妻,弃就是帝喾与姜嫄的儿子。继续上溯,帝喾是五帝中的第三帝,黄帝的曾孙。黄帝生于寿丘,长于姬水,居于轩辕之丘,以姬为姓,以轩辕为名,是五帝中的第一帝。黄帝与神农氏炎帝同为中华民族的人文始祖,今天遍布世界各地的中华儿女皆为炎黄子孙。华夏郑氏,源自周族姬姓,而周族始祖弃是帝喾与姜嫄的后代,帝喾又是黄帝的曾孙,姜嫄是炎帝的后裔,如此就形成了清晰的"黄帝—帝喾—弃—周文王—周厉王—郑桓公"这一华夏郑氏血脉传承序列。因此,郑桓公后裔即"华夏郑氏"是炎黄子孙,在血缘上是有据可查的。

三、郑国公室世系

世系是指家族世代传承的系统。在姓氏文化中,家族世系是一个重要的内容范畴,在家谱、宗谱、族谱中,一般都以世系垂丝图的形式反映。郑氏宗族自公元前806年郑桓公开郑至今,已有2 800余年,子孙繁衍发展约2 000万,散居在世界各地,错综复杂。在世界各地的郑氏宗族中,现今还存在着大量的家谱、宗谱或族谱,但种类繁杂,良莠不齐,且大多残缺不全,谬误甚多。相比之下,在郑氏发展早期,从郑桓公立国到郑康公亡国的431年间,共传14代24君,其传承世均载入《春秋》,则是准确可信的,是郑氏早期的发展主脉。

据文献记载,郑国第一代国君,也是郑氏第一世祖郑桓公友,生子掘突,后继君位为郑武公。

第二代国君郑武公,有子多人。长子寤生,后继君位,为郑庄公;子叔段,封于京,称太叔段、京城太叔,反庄公失败后奔共,又称共叔段,为段、京、共等氏的始祖;庶子公子吕,字子都,为都氏始祖。

第三代国君郑庄公,有子忽、突、子亹、子仪、具等12人。其中,忽、突、子亹、子仪先后为国君,分别为郑昭公、郑厉公、郑子亹、郑子仪;具封于启封城(今河南省开封市),为封具氏的始祖。

第四代第一位国君郑昭公,据《左传》记载,似乎无子,但有的族谱说有一

开郑始祖郑桓公

子，名宏（弘），未知其详。

第四代第二位国君郑厉公，有子2人，长子踕，后继君位为郑文公；庶子公子骍，为骍氏始祖。

第四代第三位国君郑子亹，后代不详。

第四代第四位国君郑子仪，有子2人，名讳未详，均在内讧中被杀，无后代。

第五代国君郑文公，有子多人，有名者有太子华、公子臧、公子兰（即郑穆公）、公子瑕、公子班（字子如，如氏始祖）、公子语（字子人，称子人语，子人氏始祖）、公子俞弥（俞氏始祖）、公子成等。

第六代国君郑穆公，有子多人，有太子夷（即郑灵公）、公子坚（即郑襄公）、公子归生、公子宋、公子去疾（字子良，良氏始祖）、公子骍（字子驷，驷氏始祖）、公子发（字子国，国氏始祖之一）、公子嘉（字子孔，孔氏始祖之一）、公子偃（字子游，游氏始祖）、公子喜（字子罕，罕氏始祖）、公子丰（丰氏始祖）、公子然（然氏始祖）、公子士、公子舒（字子印，印氏始祖）、公子曼满等。

第七代第一位国君郑灵公，后代不详。

第七代第二位国君郑襄公，有子7人，即太子濆（即郑悼公）、公子缗（即郑君缗）、公子睔（即郑成公）、公子狐、公子丁、公子侯等。

第八代第一位国君郑悼公，后代不详。

第八代第二位国君郑成公，有子2人，太子髡顽，后继君位，为郑釐公；次子公子鯌。

第八代第三位国君郑君缗，后代未详。

第九代国君郑釐公，有子1人，即太子嘉，是为郑简公。

第十代国君郑简公，有子1人，即太子宁，为郑定公。

第十一代国君郑定公，有子2人，即太子虿（后继君位为郑献公）、公子礓。

第十二代国君郑献公，有子2人，即太子胜（即郑声公）、公子丑（即郑共公）。

第十三代第一位国君郑声公，有子1人，名易，即郑哀公。

第十三代第二位国君郑共公，有子3人，公子小巳后为郑幽公，公子小骀后为郑缗公，公子小乙后为郑康公。

第十四代第一位国君郑哀公，后代未详。

第十四代第二位国君郑幽公，有子1人，即公子鲁。

第十四代第三位国君郑缗公，后代未详。

第十四代第四位国君，即郑国亡国之君郑康公，有子1人，即公子宙。

第五章 中华郑氏

至此,郑国公室传承终止。

四、郑国之后的郑氏脉派

陈郡郑氏 公元前375年,当韩国攻郑逼近国都(今河南省新郑市)时,郑幽公之子公子鲁携部分公室人员和民众仓皇出走,向东散居在陈、宋之间。陈宋之间原属东夷的边缘地带,人烟稀少,田地荒芜,陈国、宋国势力到达这里后,东夷退去。公子鲁带郑人在这里繁衍生息,被拥为首领,称郑君、郑君鲁,保留了"郑"的称号,以作为对"祖先之国"的怀念。"郑"就成为这支郑人的氏称,即所谓"以国为氏"。之后,这里为陈郡所辖,这支郑氏遂被称为陈郡郑氏。陈郡郑氏在春秋至西汉的300多年间出现了郑安平、郑昌、郑荣、郑当时、郑奇等郑氏名人。著名者郑当时,乃郑荣之子,公子鲁七世孙,汉文帝时,因帮助梁孝王部将张羽脱险,而闻名于梁、楚之间,步入官场后,位列九卿。其昆仲子孙中,俸禄2 000石的高官有六七人之多。郑当时是对郑氏后世有巨大影响的人物,他的出现,结束了郑国亡后郑氏长期默默无闻的状况,使郑氏开始步入繁荣昌盛的时期。此后,陈郡郑氏不断向西迁徙发展,形成后来的"河南开封郑氏""荥阳郑氏",华夏郑氏遂成为闻名于世的望姓。

留郑郑氏 韩灭郑时,郑康公罹难,其子公子宙及公室族人被俘。韩侯依照惯例封公子宙为南里君,宙痛其父死于韩,以病辞封,韩侯不允,宙乃以其子据就封。原郑国士民谒见据者不断,门庭若市。周显王三十七年(前332),韩王(即韩宣惠王)惧据有复国图谋,遂夺其封地,将据封禁在广武原的荒僻之地。郑公室后裔遂在此地生存居住,也以国为氏。因这支郑氏是留在原郑国故地的,故称其为"留郑郑氏"。该支郑氏不忘失国之恨,数代人为灭韩奔波不止。据之子强,曾车载800金,准备游说秦伐韩,虽因故未成行,但又赴秦、楚用计,使秦、韩关系破裂。强之子朱,早年移居赵国,被封为平阳君,曾鼓动赵王联秦伐韩。朱之子国,即历史上著名的水工郑国,奉韩王命为秦修渠,意在疲秦,以阻止秦对韩的威胁。郑国从长远出发说服秦国君臣,终于为秦在关中修渠300余里,可灌溉田地4万余顷。关中遂成沃野,再无凶年,这使秦更加强大,最终灭六国诸侯,统一中国,且韩为秦首灭。郑国之后,留郑郑氏数百年默默无闻,仅知其后裔散居于秦、晋、冀、豫之境。直到魏晋间,才有临济(今山东省高青县)令郑合和他的儿子安丰(今属安徽省)太守郑恺见于史传。郑恺无子,仅有4女。长女阿春早年嫁于渤海(今河北省沧州市)田家,生1子而寡,后嫁晋元帝司马睿为琅琊夫人,生子后为简文帝,生女为浔阳公主。元帝亡后,阿春称平国夫人,死后被追封为太后,谥号"宣",史称"郑后"或"简文宣太后"。郑阿春的追封,使留郑郑氏一脉声名上升到前所未有的高度。

开郑始祖郑桓公

泰山、山东郑氏 据《郑氏族系大典》记载，早在郑桓公立国初年，周王室就曾在鲁国境内，赐予郑桓公一块土地，作为他拜祭泰山时的沐浴之邑，郑桓公派公室族人前去管理。这块土地就成为郑国的一块"飞地"。到郑庄公任国君时，他用这块地与鲁国的许田邑进行了交换。交换完成后，管理其地的郑国公室族人后裔继续留居此地，并未返归故国，被当地人视为"郑""郑国人"。他们在此落地生根，繁衍发展，久而久之，"郑"就成了他们的姓氏，他们也成为泰山一带郑氏的开基之祖。由于该地后属泰山郡管辖，这支郑氏被称为泰山郑氏。两汉时期的太原、涿郡太守郑昌，御史大夫郑弘，"白衣尚书"郑均皆为泰山郑氏的后裔。

《郑氏族系大典》还有一说，郑国公室后期有名郑邦者，比子产低一两辈，曾受郑国派遣到鲁国孔子门下就学，后定居鲁国。郑邦就成为山东郑氏始祖，其子孙后裔自成郑氏一脉。

郑国立国400余年，郑桓公后裔世代繁衍，郑氏一族不断扩大，随着频繁的政治动荡和公室人员迁封，郑氏脉派绝不限于以上几支。

五、帝王赐姓

在中国封建社会，帝王赐有功之臣姓氏，特别是赐国姓，乃褒赏和笼络臣属的一种政治手段，也是臣属的一种荣耀。明代建文帝末年，燕王朱棣在北平（今北京市）以"清君侧"之名，发起"靖难之役"。太监马三保随燕王起兵南下，并在北平附近的郑村坝之战中，立下大功。朱棣后即皇帝位，是为明成祖，赐马三保姓郑，名和，以示褒奖，并擢其为内官太监，时称"三宝太监"。马三保来自云南。其先祖为古代阿拉伯人，信奉伊斯兰教，宋神宗熙宁年间来到中国后，其后裔以马为姓，在云南为官。据南京《郑和家谱首叙》，郑和晚年收养其兄马文铭之子马赐为嗣，更名为郑赐，其后裔主要分布于今江苏省南京市一带，一部分散居在今云南省昆明市、江苏省苏州市、陕西省西安市、福建省泉州市和北京市等地。因其信奉伊斯兰教而属回族郑氏。

六、少数民族郑氏

白族郑氏 白族是居住在云南的少数民族。白族郑氏多以郑回为始祖。郑回，相州（今河南省安阳市）人，唐天宝年间为嶲州西泸县令，至德元年（756）为南诏国所俘。因其精通儒学，南诏王赐号"蛮利"，使其教王室子弟读书，后任南诏清平官（宰相），曾促成南诏与唐结成抗击吐蕃的联盟。郑回七世孙郑买嗣废南诏王自立，建大长和国，任国王。大长和国经郑买嗣、郑旻、郑隆亶三传而止。后裔有的迁居越南，有的留居当地，成为白族郑氏。

朝鲜族郑氏 在中国唐代，朝鲜半岛统一后建立了新罗国，唐与新罗之间的

第五章 中华郑氏

文化交流密切,新罗贵族仰慕中国巨姓大族,纷纷借用中国姓氏作为自己的姓氏,即所谓"受封赐姓",当时就有新罗贵族姓郑。后中国人不断迁往朝鲜,郑、李、崔、卢、王等大姓在新罗迅速发展起来。19世纪中叶,因内乱和饥荒,朝鲜人开始大批迁入中国境内,定居东北地区,成为中国的朝鲜族,其中就有不少郑氏之人。郑与金、李、崔、朴并称朝鲜族五大姓。

哈尼族郑氏 据《滇志·临安府·土司官志》记载,明弘治初,知府陈晟认为当地土司无姓不便,乃选《百家姓》开篇赵、钱、孙、李、周、吴、郑、王八大姓供土司采用,有土司以郑为姓,哈尼族从此有了郑氏。

京族郑氏 京族是越南的主体民族。后唐长兴二年(931),云南的大长和国灭亡,国王郑隆亶的子孙避难进入越南,与当地人融合。经过数百年的发展,至中国明代,大越(即越南)郑氏成为一支重要的政治力量,郑隆亶的后裔郑维、郑遂、郑检、郑桧、郑松、郑桩、郑柞、郑根、郑楒、郑杠、郑楹、郑森、郑擀等先后任大越重臣,专国政200余年,后势力逐渐衰弱。20世纪40年代,越南部分郑氏之人迁回中国广东沿海一带,以捕鱼为生,成为京族郑氏。

纳西族郑氏 居住在云南的纳西族郑氏,是明清时期由江西迁入的郑氏,逐渐融入纳西族后繁衍发展而成。从血统上说,纳西族郑氏乃是汉族郑氏的延伸和扩展。

巴郡与土家族郑氏 《后汉书·南蛮西南夷传》记载:"巴郡南郡蛮本有五姓:巴氏、樊氏、曋氏、相氏、郑氏,皆出于武落钟离山",武落钟离山在今湖北省长阳土家族自治县西北。这说明古代土家族中就有郑氏。其郑氏来源有两说:一说认为其是楚国郑氏贵族的后代。楚国的郑氏来源于郑国,楚国灭亡时,郑氏族人为躲避秦人杀害而南渡长江,进入深山与当地土著人融合,遂将郑氏带入土家族中。另一说认为土家族郑氏是古来固有的。在当地口音中,"陈""郑"不分,加之土家族先民无文字,不能记载本民族历史,可能出现以陈为郑的情况。现代居住在川、鄂、黔、湘边区的土家族既有很多陈氏,也有不少郑氏,究竟孰是孰非,尚须进一步考证。

瑶族郑氏 最早的瑶族郑氏来源也有两说:一说认为其来源于远古时期的传说,另一说认为其来源于汉族郑氏。后者认为汉族郑氏为逃避灾难和赋役进入瑶族聚居地,对外自称瑶族,久而久之,便与瑶族融合,成为瑶族成员,也就有了瑶族郑氏。

裕固族郑氏 居住在中国西北地区的裕固族,是元代由中亚迁入中国的少数民族。由于本民族音节姓氏"增阿斯""赠珂斯"使用不便,他们便按照汉族姓氏特点,取其首字谐音"郑"为其姓氏,成为裕固族郑氏。这实际上是郑氏文化在该民族的特殊反映。

开郑始祖郑桓公

在少数民族郑氏中，有些与汉族郑氏有血统关系，有些则没有，但无论有无，只要姓郑，在某种程度上都是对郑氏文化的认同，都是中华郑氏中的一员。

七、郑氏衍生出的姓氏

先秦时期，姓与氏并存而又严格区分，姓以别血缘，氏以别贵贱，女子称姓，男子称氏。随着"胙土命氏"宗法制度的出现，贵族男子以国为氏、以地为氏、以官为氏层出不穷。郑桓公建立郑国后，其子孙后裔及一些贵族高官以郑为氏，但有些子孙后裔和贵族高官因获得新的封地，或被授予新的官职，就从郑氏中分化出来，形成新的氏。据资料记载，从郑氏中衍生出的氏有伯有氏、大季氏、东里氏、都氏、堵氏、段氏、丰氏、丰蒋氏、封具氏、冯氏、共氏、公父氏、国氏、罕氏、洪氏、季氏、郏氏、京城氏、经氏、孔氏、兰氏、良氏、马师氏、骕氏、穆氏、濮阳氏、然氏、如氏、司氏、司马氏、司徒氏、驷氏、孙氏、太叔氏、宛氏、尉氏、泄氏、行人氏、印氏、尹氏、游氏、羽氏、喻氏、原氏、祭氏、子丰氏、子革氏、子国氏、子罕氏、子孔氏、子宽氏、子旗氏、子然氏、子人氏、子师氏、子驷氏、子晳氏、子轩氏、子游氏、子羽氏、酆氏等60余个。秦汉及之后，姓氏合一，有些氏进行了融合，有些消失了，但大多数保留了下来，演变成今天的姓氏，且其中有许多姓氏与郑桓公有血统关系。

第二节 郑氏的迁徙发展

在中国数千年的历史发展中，由于官府的强制迁徙、改朝换代的战乱、自然灾害的影响以及仕宦为官、屯垦戍守、生计所迫等，华夏民族中不同姓氏的家族，远离故土，流徙他乡，聚族而居，繁衍发展，遂形成了一个长期、频繁、复杂的人口大迁徙的社会现象。根据文献资料和一些郑氏族谱记载，华夏郑氏从郑国灭亡，以国为氏，形成若干脉系后，就出现了由中原向不同方向特别是向南方迁徙的人口流动趋势。尽管由于历史久远，资料稀缺且记载不详，但我们仔细研究梳理，仍能从中发现郑氏宗族迁徙发展的概略。

西汉武帝时期，朝廷惧怕名门大族势大作乱，便强令大族分迁异地。北海高密郑氏一支迁至平陵（今属山东省），西汉尚书仆射郑崇便是分迁平陵的郑氏后代，东汉经学家郑玄则是留居高密的郑氏后裔。在同一时期，已成为淄博强宗大族的郑氏一支，也不得不离开故土，从齐地南迁至会稽山阴（今浙江省绍兴市），之后的西汉西域都护、安远侯郑吉，太尉郑宏就是分迁于山阴的郑氏后人。从郑吉开始，会稽郑氏就得到了朝廷封疆赐爵的荣耀，这在西汉时期的郑氏宗族中绝无仅有。西汉时期，今陕西关中、汉中一带就有郑氏分布，但不知源自何处，或许是水利专家

第五章 中华郑氏

郑国的后代,光禄大夫领尚书事、关内侯郑宽就是这一地区的代表人物。湘南也有郑氏之人出现,泉陵(今湖南省永州市)郑产一支即为其中之一。四川也有郑氏分布,其可能是由汉中迁入,东汉末年农民起义领袖、广汉人郑躬和益州刺史刘璋的从事郑度即这支郑氏的后裔。

两汉之间,河南郡太守郑奇病故,时逢刘秀、王莽争战,郑奇遗体无法归葬陈郡,遂葬于广武原,其子孙在原"郑王之墟"建舍守墓。之后,郑奇之子郑稚,举族回迁河南开封,开启了河南开封郑氏的发展历史。郑稚之子、汉御史丞郑宾及子孙在开封定居多年,涌现出郑兴、郑众、郑安世、郑泰、郑浑、郑冲等郑氏名人,他们或为朝廷重臣,或为地方良吏,或为经学宗师,使河南开封郑氏成为当时全国最有名望的大家族之一。晋泰始元年(265),朝廷析河南郡置荥阳郡,开封属之,河南开封郑氏变为荥阳开封郑氏。

东汉末年至三国时期,中原一带战乱不止,大批北方人南下避难,沛郡郑氏郑札、陈郡郑氏郑泉分别带领族人南迁至三国吴地安居,郑札曾任吴从事中郎,郑泉曾任吴郎中。

西晋末年发生"永嘉之乱",北方少数民族侵入内地,形成"五胡乱华"的局面,中原再次成为战乱中心,随着司马王朝政权南迁建康(今江苏省南京市),北方汉人纷纷南下,形成了一次大规模的人口南迁浪潮,郑氏宗族也被裹挟其中。大约在永嘉初年,荥阳开封郑泰玄孙、东安太守郑庠带亲族先由开封经固始迁至安徽寿春,再由寿春南渡长江,迁居至东晋首都建康附近,郑庠因此被称为该支郑氏的"南渡始祖"。之后其后裔散居于闽、浙、粤等地。郑庠次子郑昭,东晋初年曾任福建建安(今福建省建瓯市)、晋安(今福建省福州市)太守,任满后留居当地,其子孙也随迁于此,繁衍发展成为闽地郑氏主体,郑昭也被称为该支郑氏的"开闽始祖"。除此之外,还有曾任东晋江州长史的郑哲及任江乘(今江苏省句容市北)县令的郑袭父子,也举家迁到为官之地定居。至南朝梁、陈时期,衡阳太守郑惠也举家落籍于东阳郡信安县(今浙江省衢州市),成为当地郑氏一族。

东晋末期,约在公元395年,郑豁之子郑温一族从开封迁至荥阳郡治(今河南省郑州市西

荥阳堂

开郑始祖郑桓公

北古荥镇），荥阳郑氏遂分为东西两支。郑温的4个儿子即郑涛、郑晔、郑简、郑恬，之后分别成为荥阳郑氏西、北、南、中四支的始祖，而留居开封的郑氏事实上就成为四支之外的东祖。郑温及其子孙在荥阳战乱中站稳脚跟，凭借优越的社会地位获得大量土地，为家族发展聚积了雄厚的物质基础。郑温去世后，次子郑晔、三子郑简分别成为北部和南部的财产继承人。在此后的500年间，北部发展最快，南部次之，中部最慢，而西祖郑涛早年随魏太武帝赴陇西，离开荥阳，失去谱系。北祖郑晔第六子郑羲，富有文采，出任北魏太常卿，并被晋爵为侯，加给事中，其女被纳为北魏孝文帝妃。北魏太和二十年（496），"魏主雅重门族，以范阳卢敏、清河崔宗伯，荥阳郑羲，太原王琼四姓"为望族，使荥阳郑氏获得了至高无上的荣誉和地位。他们可以累世嫔王尚主，与皇族和世家大族联姻，在政治和社会上享有其他家族所望尘莫及的特权。在郑羲的后代中，出任宰相、御史、大夫、刺史、节度使等高官者数不胜数。至唐代，荥阳郑氏进入鼎盛时期，将相辈出，公侯相继，先后涌现出11位宰相，8位同宰相，8位驸马，19位状元，43位进士，尚书、侍郎、郎中、常侍、大夫、御史等朝臣60余人，时人曾有"上殿半朝郑，下朝满床笏"之叹。荥阳郑氏成为一个庞大的政治大家族，成为华夏郑氏的郡望。唐朝末年，天下大乱，荥阳郑氏逐渐淡出政治舞台，分散凋零，辉煌不再，居住在荥阳的南、北、中三支，除少量留居本地外，其余纷纷向南方迁徙。

唐及五代时期，其他地方的郑氏迁徙活动仍在继续。唐高宗时，光州人陈政、陈元光率当地人远徙闽南，开发漳州，其部将郑时中、郑和平、郑业等也随同入闽，其后代在当地繁衍发展，成为闽粤郑氏的一大支流。唐代中叶，著名书画家郑虔被贬为台州（今浙江省临海市）司户参军，以教化为己任，兴办学校，培养人才，死后葬于临海白石金鸡山，其后裔世居台州，成为郑氏在浙东地区的一个重要脉系。唐僖宗光启年间，居住在弋阳山的郑氏族人，随王潮、王审知入闽，初屯垦于武荣州，后移屯桃林场、姜莲、凤山等地，其子孙留居此地发展，后又迁居闽西、闽南及粤东等地，成为当地郑姓的另一脉系。

五代时，后梁、后唐、后晋、后汉、后周的割据争战60年不断，中原社会长期混乱不堪，郑桓公后裔曾三次举族南下，直至宋代依然迁徙不止。据清光绪年间郑氏族谱《郑传笈朱卷》载，郑氏一支由郑贲带领，"宋南渡迁居灵绪乡，择山之阳塘路沿，称路沿郑。传六世后，分居十七房"，灵绪乡在今浙江省宁波市镇海区澥浦镇。这一支不断繁衍，成为宁波最早的商帮集团。宁波郑氏十七房建筑群占地面积6万平方米，建筑面积4万平方米，是一座建筑艺术极高、规模宏大的明清建筑群，郑氏十七房族人至今仍居住于此。

北宋中期，郑桓公61世孙，时任徽州歙县令的郑凝道任满后留居歙县；郑凝

第五章 中华郑氏

道子郑自牖也进入仕途，官至殿中侍御史，后因故谪居遂安（今浙江省淳安县）；郑凝道孙郑安仁曾任秘阁校理，于宋徽宗宣和年间迁居浦江县郑宅镇，成为浦江义门郑氏的开基之祖。至北宋末年，浦江义门郑氏阖族同食共居，拥有数千亩田产，家业殷实，成为当地著名的家族。

江南第一家

在北宋末年的战乱和饥荒中，族长郑照变卖千亩祖传良田，换取粮食，拯救无数饥民。南宋时，义门郑氏掌门人郑绮在族内推行孝悌纲常伦理，临终时告诫后人"吾子孙有不孝不悌、不共财聚食者，天实殛罚之"。孝悌和共财聚食成为义门郑氏的传世家法。元初，族中核心人物之一的郑德璋因故得罪当地豪绅，被诬谋反，在扬州下狱待死，其兄郑德珪私下扬州狱中受刑，代弟就死。从此"以肃睦治家，九世不异爨"的义门郑氏名扬一方。郑德璋失去兄长，在痛绝数日，负骨归葬后，承担起义门郑氏族务，在东明山建东明精舍，后改东明书院，教授全族子弟，"以法齐家"。到义门郑氏第七世时，同居共财观念已深入族人之心，"一钱尺帛不敢私"，制定《家范》58则，后逐步完善为《郑氏规范》168则，形成"内外雍肃，似不闻人声"的家风。元至大年间，义门郑氏得到朝廷旌表，当地知名文人吴莱、柳贯、宋濂、方孝孺被东明书院延聘为师，为义门郑氏出谋划策。元末，义门郑氏人口已超过2 000人，其中14人进入仕途，使义门郑氏在政治上有了一席之地，其影响也从浙东一隅而遍及天下，朝廷再次旌表义门郑氏为"孝义门""浙东第一家"。明初，原衣食于义门之下的宋濂、方孝孺成为开国名臣，在他们的推颂下，义门郑氏成为朱元璋以家法治理天下的榜样。明洪武十八年（1385），朝廷封义门郑氏为"江南第一家"，其族人可以与孔、孟后人同时入朝，同班行礼，并免除其赋税徭役。5年后，朱元璋亲书"孝义家"三字相赐，使义门郑氏再添恩荣。后建文帝、永乐帝继续眷顾和旌表义门郑氏。明代前期，"大孝大义"的义门郑氏，有47人被选拔为朝廷和地方官员。其中，郑济被授予左春坊左庶子，负责教育训导皇太孙；郑洽为翰林院待诏；郑堪为大理寺丞；郑湜为左参议；郑干为湖广道监察御史；郑棠为文渊阁秘书。另外，还有一批族人分

开郑始祖郑桓公

别到福建、浙江、四川、江西、云南、安徽、广东、河南、山东、陕西等地，出任行省、州、府、县地方官，并在这些地方留下了义门郑氏的脉系和分支。天顺三年（1459），义门郑氏全族聚居的浦江郑宅镇发生了一场火灾，房舍和族产毁于一旦。由于失去了全族同食共居的物质基础，这个自宋宣和年间至明天顺三年相传340余年，人口最多时近3 000人，九世同居的江南第一家不得不析产各谋生路。尽管如此，明成化、崇祯年间，朝廷仍对义门郑氏加以旌表和蠲免。直至今日，江南义门郑氏仍是著名的郑氏群体，其大孝大义的传统文化精神，仍在社会发展中发挥着积极作用，被确定为浙江省廉政教育基地。

北宋靖康二年（1127），金兵攻破开封，宋室南渡临安，开封郑氏郑覃、郑章率族随之南下，迁居明州（今浙江省宁波市）等地。

南宋高宗年间，莆田出了一位著名的思想家、史学家——郑樵。他是福建莆田"南湖三先生"之一郑庄的后代，早年隐居于莆田夹漈山，博学多才，著作丰富，人称"夹漈先生"，曾任礼、兵部架阁，枢密院编修等朝官，其才能尤为宋高宗所推赏。他去世后，其子孙便将自己一族称为"夹漈派"，莆田夹漈郑氏正式形成，之后发展成为东南沿海地区最有影响力的郑氏脉系之一。其家族后裔后来分别迁居今福建省仙游县、德化县、南安市、永春县，广东省潮州市，江苏省南京市乃至世界各地，其中的许多人成为当地郑氏开基始祖。

南宋末年，为避元祸，理宗朝宰相郑清之几位夫人（郑清之共有九位夫人，此次迁徙是其中的几位）携子孙从浙江迁徙福建、广东。后一些裔孙再迁江西、四川、广西、湖南、贵州、香港、澳门、台湾等地。

元末明初，河南灾荒严重，朱元璋派军北伐，中原汉人不愿南下做政治地位低下的"南人"，而纷纷到山西谋生，以致山西人满为患，其中就包括大量中原郑氏之人。朱明政权稳固后，朝廷命令将流入山西的外来人口集中于洪洞，再由洪洞分迁至北京、河北、山东、河南等地，郑氏也随之分迁。

明初，朱元璋派大军平定云南、贵州，一些郑氏将领和部众随军进入云贵地区，战争结束后，即留当地屯垦戍边，繁衍生息，发展成为云贵一带的郑氏脉系。

明末清初，郑成功在东南沿海一带率军抗清，引发清朝当局对当地郑氏族人的迫害，福建郑氏族人为避祸，无奈向广西贵港等地迁移。郑成功驱赶荷兰人，收复台湾，并进行经营开发，福建、浙江、广东一带郑氏流入台湾，其子孙在台湾不断繁衍发展，郑姓成为台湾六大姓氏之一。

明清时期，朝廷曾推行"湖广填川"移民之举，湖北麻城、湖南耒阳、广东韶关等地的郑氏不断流入四川、重庆、贵州、云南。同时，山东及直隶民众因饥荒所迫，大量向东北地区迁徙，史称"闯关东"。在闯关东的人潮中，就有不少郑氏族人进入东北各地定居生存，自成东北郑氏脉系。

第五章 中华郑氏

清朝中叶,随着香港、澳门的开发和开埠,南方沿海一带的郑氏族人进入香港、澳门发展实业,成为当地郑氏一脉。

至于华夏郑氏向海外的迁徙发展,大概自秦汉之后由于海上贸易、政治避难或文化交流等就已发生,但仅是个别现象,大规模地向海外迁移则发生在近代。随着帝国主义列强入侵中国,大量华人为生计所迫下南洋赴菲律宾、印度尼西亚、马来西亚等东南亚国家谋生。有些人被招为劳工骗至欧美国家,为当地开发建设充当苦力,受其奴役;有些则经营小本生意,后经几代人辛勤努力,逐步发展成为大企业。这些华人中就包括大量郑氏族人,其中以广东、福建郑氏族人居多,他们在异国他乡繁衍发展,形成海外各国的郑氏族系。尽管他们已加入外国国籍,但仍不忘血脉之源,经常有日本、韩国、菲律宾、马来西亚、新加坡、越南、美国、加拿大等国家的郑氏宗亲回中国寻根问祖,祭拜郑氏始祖郑桓公。

第三节 郑姓的分布

一、华北、东北地区

华北、东北地区包括河北、山西、山东、内蒙古、辽宁、吉林、黑龙江等省,天津、北京等市是郑姓人口迁居较早和分布较为广泛的地区之一。1982年全国人口普查资料分析结果表明,郑姓人口占北京人口总数的0.797%,占辽宁的0.567%,在全省姓氏排名中分别位居第22位和第31位。

山东郑氏入迁最早。历史上,郑姓聚居地除泰山、高密、任城、临淄等地以外,又有孔子弟子郑国所居住的郑邑,以及兖州、济宁、刚县、宁阳等地。

山西的郑姓在汉代初就小有名气,如汉武帝刘彻的舅父卫青之父郑季,就是山西郑氏中较早有名气的人。此后历代郑姓在永济、阳城、祁县、太原、朔州等地有所发展。唐代太子太师郑霸、后周韩国公郑仁诲、后唐司徒郑琢、宋代太仆少卿郑本、元代剧作家郑光祖、明代兵部右侍郎郑崇俭等相继见诸史籍。还有一些郑氏知名人士出自洪洞、沁源、五台、黎城等地。

河北郑氏的来源与历史上中原郑氏到河北避乱有关,其最初分布在魏县、永年、邯郸、沧州、涿州、宣化、徐水、河间等地,后又在滦南、新城、深州、静海、丰南、东光、玉田等地有新的发展。

北京的郑姓自元代开始引起官方重视。但由于北京为全国政治、经济中心,人才济济,郑氏虽多方跻身政治舞台和经济领域,终因势单力薄而未能形成大气候。近代以来,一些郑姓人口流入北京,人数增加,郑姓家族才有了明显发展。

宋代以后,辽宁开始有郑姓人口居住,其中大定(今内蒙古自治区喀喇沁旗)

人郑宏及其子郑京、郑子聃等人驰名于金代，分别官至金源县令、吏部侍郎，是当地早期最有影响的郑姓家族。到了明清时期，官府实行向关东移民的政策，生活难以为继的山东、河北等地的郑姓人氏随移民大潮迁入辽宁地区。

吉林、黑龙江、天津等省和内蒙古自治区都有一定数量的郑姓人群分布，尤其是在吉林南部，生活着一部分朝鲜族的郑姓人。而在黑龙江的穆棱、海伦等地，吉林的舒兰、伊通、珠河等地，均有郑人生息，且产生知名人士多人。

二、华东地区

华东地区是郑姓人群迁居较早和分布最为集中的地区之一。这与历代郑姓之人不断向这里迁徙和繁衍有关。如西晋末年龙骧将军郑昭向今福建省福州市一带迁徙，中原地区的郑姓人在唐高宗时期和唐朝末年不断迁入今福建省。从分布上看，郑姓在福建最早的居住地在今福州市一带，之后又陆续从这里迁往泉州、莆田等地。福州郑氏，尊奉郑昭和五代时期后梁宰相郑珏为祖先。莆田郑氏则起源于郑昭裔孙中的"南湖三先生"，进而又从"南湖三先生"的后代衍生出泉州郑氏、漳州郑氏等，散居于福清、永泰、永春、同安、南安、龙溪等地。至于汀州、建州、建宁、宁德、连江、霞浦、崇安、宁化等地的郑姓人，均各有源流。总的来说，福建郑姓已形成了以闽中、闽南为中心的基本格局。历史上和近现代的福建郑姓名人，绝大多数都出现在这一地区，如唐代的文学家郑减是福州人，宋代的郑樵是莆田人，明代的郑成功是南安人，当代文学家郑振铎是长乐人等。有人对现今一些区市的郑姓人口做过调查统计，其中，同安区的44个自然村中共有郑姓人口11 794人，晋江市有郑姓1万余人，福州市6万余人，福清市13万余人，长乐市7万余人。据1982年人口普查资料统计，抽样调查的25 244人中，有439人姓郑，占调查人数的1.739%，在全省姓氏排名中处于第13位。2013年，福建全省有郑姓人口119.5万人，在全国各省市自治区郑氏人口排名中处于第2位（福建及以下浙江、河南、广东等省2013年郑姓人口数字，皆来源于《中国郑氏总谱》编委会公布的数字）。

浙江郑姓最早与西汉初年齐国临淄郑姓南迁有关，分布于会稽山阴一带。至唐代，又相继有中原人郑虔、郑至道等人迁居浙江，其后裔分布于台州、临海、宁海、仙居、三门、天台、黄岩等地。宋代以后，又有一些其他地区的郑姓入迁这里，如南宋人郑清之迁居鄞县，郑自牖迁居遂安，其后裔都发展成为当地郑姓中有影响的脉支。另外，如江西上饶郑氏迁居衢州，衢州郑氏迁居金华、建德、温州，遂安郑氏迁居浦江。浙江郑氏早已遍布湖州、归安、嘉兴、海盐、平湖、杭州、宁波、慈溪、兰溪、义乌、处州等地，不少知名人物驰名于世，如汉代的太尉郑弘是山阴人，宋代太师郑清之是宁波人，龙图阁直学士郑伯熊是永嘉人，元代学者郑忠是嘉兴人，明代礼部尚书郑沂是浦江人，学者郑圭是杭州人，郑伉是衢州人，御史

第五章 中华郑氏

郑公智是宁海人,清代名士郑宏是海盐人。当代浙江郑氏的分布更为广泛,截至2013年,全省郑姓人口达102.9万人,是全国百万郑姓人口"三大省"之一。

江苏郑姓入迁较早,至近代已散居在南京、苏州、无锡、徐

郑和纪念馆

州、淮安、吴县、扬州、兴化、江都、江宁、江乘、吴江等地。从入迁时间和血统源流上看,江苏郑姓的来源最早与孙吴名医郑泉、西晋末年郑庠的南迁有关,其后裔散居于建康(今江苏省南京市)一带。至南北朝时期,中原郑颐父子迁居彭城,成为徐州郑氏开基之祖。此后,建康一带的郑姓人南迁或东迁,繁衍发展成为苏州郑氏、扬州郑氏、兴化郑氏等。徐州郑氏也迁往淮安等地,成为江苏郑氏的另一大支系。历史上的江苏郑姓名人,有宋代太尉郑戬(苏州人)、吏部侍郎郑望之(徐州人)、明末抗清英雄郑为虹(江都人)、清代画家郑板桥(兴化人)等。近现代则有音乐家郑觐文(江阴人)、海洋学家郑重(吴县人)、物理学家郑一善(武进人)、畜牧学家郑正留(太仓人)、医学家郑思竞(靖江人)、林学家郑万均(徐州人)等。

江西郑姓在当代分布得十分广泛,尤以弋阳、石城、泰和、横峰、修水、瑞金、铜鼓、樟树、玉山、兴国、万载、上饶等地的郑姓人为多,影响也较大。历史上,江西郑姓主要由临近各省迁入,其中一些是因为做官在当地留居下来,较为著名的郑姓家族主要分布在弋阳、玉山、上饶、贵溪、抚州、江州、德化、新建、袁州等地。

安徽郑姓在历史上主要集中在徽州、池州、宣州、濠州、合肥等地,当今则以合肥、宣城、六安等市以及定远、来安、凤阳、芜湖、霍邱、歙县、祁门、桐城等县的郑姓较为知名。其中,歙县、凤阳、祁门三县及宣城、合肥二市的郑人是直接由古时郑姓发展而来,其他地区则是上述郑姓迁出和繁衍后的分支。安徽郑氏知名人物主要有宋代盐铁监郑昌(宣州人)、元代奉议大夫郑玉(徽州人)、明代剧作家郑之珍(池州人)、礼部郎中郑居贞(歙县人)、刑部尚书郑三俊(池州人)、漳国公郑亨(合肥人)、名将郑遇春(凤阳人),清代画家郑日文(徽州人),近

开郑始祖郑桓公

代科学家郑复光（徽州人）、学者郑相如（泾县人）等。

上海郑姓入迁较晚，早期郑姓主要分布在市区周围各县，有明代嘉定郑氏、清代靖浦郑氏等，名人有礼部郎中郑闳和画家郑基成等。近代以来，由于上海快速发展，许多郑姓人纷纷迁入。据1982年人口普查抽样统计可知，在25 092人中，郑姓人口有159人，占调查人数的0.634%。

三、中南地区

包括今河南、湖北、湖南、广东、广西、海南六省，是郑姓最集中的地区。郑姓先祖郑武公东迁之后建立的新郑国，地处当今以新郑市为中心的河南省中部地区，郑国覆亡后，公室公子鲁一族又在今河南东部和东南部的商丘、淮阳之间（即宋、陈之间）得其郑姓，使这里成为早期郑人生活的地区。秦汉以后，郑姓又先后在陈郡和开封发展成为名门望族，进而形成了开封郑氏，成为郑姓早期的核心家族。西晋初年，朝廷析河南郡置荥阳郡，开封属之，河南开封郑氏变为荥阳开封郑氏。东晋末期，开封郑氏郑温一族迁至荥阳，成为荥阳郑氏。北魏时，荥阳郑氏为全国四大望族之一，红极数百年。唐末，荥阳郑氏的一些人在战乱中向南方迁徙，迁到中原的宋城（今河南省商丘市）、许州（今河南省许昌市）、南阳、汝南等地。北宋以后，由于全国政治中心南迁，郑姓人口随之大量南移，从而使郑姓在河南的地位下降。尽管如此，河南郑姓杰出人物仍然不断涌现。如宋代著名宰相郑居中是开封人，外戚郑头裔家族是开封人；明朝工部尚书郑刚是南阳人，著名直臣郑自壁是祥符人；清代文学家郑廉是商丘人。如今的郑姓不仅在河南大姓中占有重要地位，而且在新乡、郑州、洛阳、信阳等市，柘城、确山、虞城等县获得了更大的发展，形成河南郑姓的分布中心。2013年，河南全省郑姓人口达80万以上。

广东省是中南地区郑姓人口较多的省份，郑姓人口在全省各姓氏排名中居第16位。1982年人口普查时，在全省25 646人的姓氏抽样普查中，郑氏人口为466人，占调查总数的1.817%。2013年，广东省郑姓人口达154万，居全国各省市自治区郑姓人口之首。广东郑姓于宋代由福建南部迁入，属"南湖三先生"之一郑露和"夹漈先生"郑樵之后；另一支是宋太师郑清之的后代由上杭迁入。广东郑人最早在广东的东北部和东部居住，以后不断向西迁徙，形成潮州、惠州、广州、韶州、梅州、海阳、东莞、佛山、归善、番禺、三水、英德、阳山、新会、中山、顺德等地的郑姓聚集区。到了近代，郑姓除在上述地区发展以外，又在五华、潮阳、澄海、海丰、陆丰、海康、阳江、遂溪、吴川、宝安、汕头等地开拓了新的空间。还有一些郑人迁到香港及东南亚地区，使广东成为仅次于福建的郑姓外迁大省。广东郑姓杰出人物驰名于世，如唐代节度使郑愚（广州人），宋代地理学家郑南升（潮阳人），南宋岭南节度使郑湛露，清代直隶总督郑大进（揭阳人）、清广东水师提督郑绍忠

第五章 中华郑氏

（三水人）、实业家郑观应（中山人），近代则有粤军将领郑润琦（三水人）、电影艺术家郑正秋（潮阳人）等。

湖北郑姓是历史上由中原南迁的郑人后代，知名者有后周人郑建中、宋代状元郑毅夫、翰林学士郑獬、明代吏部尚书郑继之、大理评事郑结（黄陂人）、良吏郑达（广济人）等。当代郑人主要分布在当阳、大冶、通城，以及武汉、孝感等地。

湖南郑姓历史上以长河、凤凰郑氏较为有名，入迁时间在宋代以前。到近代，郑姓人已遍及该省的石门、益阳、长沙、浏阳、新田、耒阳、平江等地。

广西郑姓人主要是从东部的广东及北部的湖南而来，在时间上迁入较晚，直到明清时才有廉州和象州等地的郑姓人知名于世。在桂林市和宁明县，郑姓是少数民族居住区的汉族大姓之一。

海南郑姓是从广东郑姓中分衍而来，人口较少，主要居住在北部和东部一带，尤以琼山、文昌、琼海等地较多。随着海南省的建立，全国不少地方的郑姓人也随南下大潮进入海南，从事当地的开发和建设，为当地的发展注入了新生力量。

四、西北、西南地区

四川、陕西两省是这一地区郑姓人口较多的省份。据1982年人口普查统计数据可知，郑姓人口在四川省各姓氏排名中处于第26位，在陕西各姓氏排名中处于第36位。

陕西郑姓的来源与战国末年帮助秦国开凿郑国渠的韩国人郑国有关。在西汉、北朝、唐代等时期也有不少郑姓人迁入陕西，著名人物有西汉隐士郑子真（勉县人）、名臣郑宽中（咸阳人），北宋隐士郑隐（华州人），金代宁州知府郑建充（富县人），明代山西右布政使郑国昌（彬州人）等。近代郑姓人已遍布华州、澄城、韩城，以及汉中、西安、咸阳、商洛等地。华州是郑氏始祖郑桓公开创郑国的故地，也是天下郑氏寻根祭祖的源头，郑姓人口主要聚居在华州的东赵、金惠、大明等地，约2 000人，其渊源尚未考证。

四川和重庆郑姓是历史上不同时期由中原地区迁入的，主要分布在成都、重庆、资中、白玉、南溪、富顺、宜宾、达川等地。知名人士有画家郑洪流（南川人）、医学家郑铃才（达川人）、书法家郑调先（富顺人）等。

贵州郑氏与唐代宰相郑畋有关。郑畋之子郑凝绩曾任壁州刺史，任职届满后留居当地，成为贵州郑姓的先祖之一。在明清时期南方各省的移民中，有不少来自广东、湖南、四川等地的郑氏之人迁入贵州。明代郑安民是贵州安民保境的杰出人物，清代遵义郑珍是一位著名文学家。近代以后，生活在正安等地的郑姓人获得了较大发展，仅正安县就有郑姓5万多人，在当地有较大影响。

云南郑姓最早与相州（今河南省安阳市）人郑回担任西泸县令有关，其裔孙郑

开郑始祖郑桓公

买嗣后建立大长和国,使郑姓在当地有了较大发展,分布在昆明、陆良等地。

郑姓人在甘肃、青海、宁夏、新疆、西藏都有一定数量的分布。南北朝时期荥阳郑氏郑涛一支迁居甘肃陇西,谱称"西祖郑氏",后裔一直在当地发展繁衍。

五、港澳台地区

台湾省郑姓人口分布较为集中。据1954年统计数据可知,台湾有郑氏17 552户,人口10万人,在全省各姓氏排名中居第12位。1970年出版的《台湾地区人口之姓氏分布》一书记载,郑氏总人口为316 635人,16年内增长了2倍。台湾郑氏宗族情感浓厚,建有全台郑氏宗亲会、全台郑姓大宗祠,台北、基隆、桃园、新竹、嘉义、高雄、台中、台南等市,花莲、苗栗等县都建有地方郑氏宗亲组织。

香港郑姓由广东东部的潮州、惠州、梅州等地迁入,建有香港郑氏宗亲总会。

澳门郑姓多由广东各地迁入,其血源与莆田郑氏及"南湖三先生"有关。

六、海外郑姓分布

海外郑姓以东南亚地区的泰国、菲律宾、马来西亚、新加坡、印度尼西亚、越南等国分布最为集中,日本、美国、加拿大、澳大利亚等国次之,欧洲、拉丁美洲、非洲等地也有零星分布。

朝鲜和韩国虽然郑姓人口多,分布广,但其渊源以朝鲜族改姓居多,真正的华裔郑姓则属少数。

泰国是当代郑姓人口另一聚居中心,建有全国郑氏宗亲总会。地方郑氏宗亲会多达154家。

马来西亚郑姓主要分布在马六甲、槟城、砂拉越州等地。当地建有马来西亚郑氏宗亲会及分支机构。

新加坡郑姓是当地华人大族,其宗亲组织郑氏公会成立于1921年,下设军港、

泰国郑氏大宗祠

第五章 中华郑氏

如切两个分会,于每年农历七月二十三日举行宗族祭祖活动。

美国郑姓人主要居住在三藩、洛杉矶、纽约等地。1981年3月,三藩市成立了美国堂郑氏宗亲会,拥有会员250多人。

加拿大郑姓主要分布在温哥华,主要是近代以来到当地充当劳工的郑姓华人后裔。

欧洲、大洋洲、拉丁美洲、非洲均有郑姓人口分布。如多米尼加就有一位著名的郑姓企业家郑子坚,曾担任世界郑氏宗亲会顾问一职。

第四节 郑氏历史名人

子产(?—前522),名侨,字子产,郑穆公之孙,子国(公子发)之子,称公孙侨。子产是郑国杰出的政治家,郑简公十二年(前554)为郑卿,辅佐简公执掌国事。当时,郑国处于晋、楚两强之间,战祸频发,政局动荡,强宗相斗,争权夺势。子产执政后,发展生产,以法治国,稳定政局,平衡大国关系,睦邻友好,改善国家外部环境,维护了郑国的独立和尊严。子产先后辅佐郑简公、郑定公,郑国大治,国人称颂,诸侯宾服。郑定公八年(前522),子产卒,举国哭泣,孔子泣曰:"古之遗爱也!"

子产

郑国

郑国,战国时期韩国水利家。秦王政十年(前237),郑国受韩王命赴秦国,游说秦国兴修水利,以图消耗秦的国力,阻止和延缓对韩国的兼并。入秦后,韩国的企图为秦王识破,秦王欲杀郑国,郑国诚心向秦王叙说兴修水利可以富秦的道理。秦王遂采纳其建议,征发大量民工,开凿工程,西引泾水东注洛河,修灌溉渠长达300余里,灌田4万余顷。渠成后,"于是关中为沃野,无凶年,秦以富强,卒并诸侯,因命曰'郑国渠'"(《史记·河渠书》)。

郑当时,字庄,郑荣之子,西汉陈郡(今河南省淮阳县)人。郑当时早年好交天下名士,汉文帝时,因助梁孝王部将脱险,声闻梁、楚间。汉武帝时,他历任济南太守、江都相,迁大司农。性廉洁,喜荐士,为时人所称道。郑当时后陷罪被贬

开郑始祖郑桓公

郑当时

郑吉

为汝南太守，数年后卒于任上。卒后家无余财，不能举丧，靠亲友接济始办丧事。其子孙多人为西汉朝廷高官。

郑吉（？—前49），西汉会稽山阴（今浙江省绍兴市）人。郑吉早年从军，多次远征西域，深谙西域诸国事，在抗击匈奴的战争中屡建奇功，任卫司马，后封安远侯，统帅整个西域的军政要务，官至西域都护。其因病卒于任内，朝廷赐谥"穆"。郑吉经略西域数十年，功绩卓著，汉宣帝曾下诏褒奖，后人亦有"汉之号令西域矣，始自张骞而成于郑吉"之赞誉。

郑众

郑众（？—81），字仲师，东汉河南开封人，经学大师。12岁时，郑众从父郑兴受《左氏春秋》，致力于学，明《三统历》，作《春秋难记条例》，兼通《易》《诗》，知名于世。永平初年，郑众任给事中，持节出使匈奴，意气壮勇，不为单于所屈，维护大汉尊严。其后任军司马、中郎将，使护西域，迁武威太守，整修边备，匈奴不敢犯。后郑众再迁左冯翊，政有名绩，建初六年（81）出任大司农。史

第五章 中华郑氏

称"郑司农""先郑"。

郑玄（127—200），东汉经学家，字康成，北海高密（今山东省高密市）人，终生从学，不乐为吏。郑玄少年时入太学受业，始通《京氏易》《公羊春秋》《三统历》《九章算术》等，又从张恭祖受《周官》《礼记》《左氏春秋》《韩诗》《古文尚书》，后至关西从马融学古经。其游学十余年归里，聚徒讲学，弟子众至数千盈万，学名大噪。灵帝末，党禁解，大将军何进、袁隗举荐郑玄入仕，皆被郑玄拒绝。北海相孔融，深敬郑玄德学，曾登门造访，且告高密县令，为郑玄特立

郑玄

一乡，曰"郑公乡"，并广开门衢曰"通德门"。献帝建安三年（198），郑玄自徐州归高密，路遇黄巾农民起义军数万人，见其皆拜，相约不入高密县境。建安五年（200）六月，郑玄因疾而卒，时年74岁。郑玄遗令薄葬，自郡守以下官员及受业者千余人着丧服为其送葬。《后汉书》论曰："郑玄括囊大典，网罗众家，删裁繁芜，刊改漏失，自是学者略知所归。"郑玄曾注《周易》《尚书》《毛诗》《仪礼》《礼记》《论语》《孝经》等，著《天文七政论》《鲁礼禘祫义》《文艺论》《毛诗谱》等，凡百余万言，世称"后郑"。唐宋时期，郑玄配享孔庙，被称为"先师""先儒郑子"。

郑太

郑太，又名泰，字公业，河南开封人，东汉大司农郑众之曾孙。郑太少年时有才略，广交豪杰，名闻山东。灵帝末，郑太举孝廉，时大将军何进辅政，以郑太为尚书侍郎，迁侍御史。何进谋诛阉官集团，欲召并州牧董卓为助。郑太认为不可，曰："董卓强忍寡义，志欲无厌。若借之朝政，授以大事，将恣凶欲，必危朝廷。明公以亲德之重，据阿衡之权，秉意独断，诛除有罪，诚不宜假卓以资援也。且事留变生，殷鉴不远。"何进不听，后果然遇害。董卓被

开郑始祖郑桓公

召到洛阳后,烧杀抢掠,乘机作乱,并迁都长安,朝政更加混乱。郑太与何颙、荀攸等密谋杀董卓,事泄,何颙被执,郑太则脱身自武关出走,东归袁术,任扬州刺史,但在赴官途中卒,时年42岁。

郑冲(?—274),字文和,荥阳开封人,出身寒微,清恬寡欲,博究儒术及百家之言。魏文帝时,郑冲为尚书郎、陈留太守,以儒雅为德,箪食缊袍,不营资产,为世所重。大将军曹爽将其引为从事中郎,转散骑常侍、光禄勋。嘉平三年(251),郑冲拜司空。魏元帝时,郑冲拜太保,位在三司之上,封寿光侯。时司马师辅政,平蜀之后,朝廷命贾充、羊祜定礼仪和律令,皆先咨询郑冲,才可施行。入晋后,郑冲为晋武帝司马炎所倚重,拜太傅,晋爵为公。后郑冲多次上表,以年老乞求辞官,晋武帝不允,依然向其咨谋朝政。泰始九年(273),

郑冲

郑冲又抗表致仕。晋武帝下诏从其所愿,以寿光公就第,位同保傅,并赐安车驷马,钱百万,绢500匹,配舍人6人、官骑20人,以世子郑徽为散骑常侍。次年,郑冲卒,晋武帝于朝堂发哀,追赠太傅,谥曰"成"。后郑冲配享太庙。其有《论语集解》传世。

郑道昭(?—516),字僖伯,北魏荥阳开封人。其父郑羲,曾任北魏安东将军、西兖州刺史,假南阳公。郑道昭少而好学,综览群言,好为诗赋,自称中岳先生。孝文帝时,他任国子祭酒,后为光州刺史,政务宽厚,不施威刑,为吏民所爱。后郑道昭复入秘书监加平南将军,熙平元年(516)卒,朝廷赠镇北将军、相州刺史,谥曰"文恭"。郑道昭工书,为魏碑体书法大家,其书品见于云峰山石刻,包世臣、张琦、吴熙载等书法名家对其极为推重,为后世习魏碑者之宗。

郑道昭

郑译(540—591),字正义,荥阳开封人。其祖郑琼,魏太常。其父郑道邕,魏司空。郑译少时涉猎群书,工骑射,尤善音乐,闻名于时。北周宣帝时,郑译拜

第五章 中华郑氏

郑译

内史上大夫,封沛国公。郑译与杨坚早年有同窗之旧,又素知杨坚相表奇异,将来必有大作为,于是倾心向交。时宣帝命郑译率军南征伐陈,郑译推荐杨坚为大元帅。宣帝病危,郑译助杨坚到病榻前受宣帝顾托,节度文武百官。杨坚任丞相,拜郑译为柱国、相府长史、治内史上大夫事。及杨坚为大冢宰,总百揆,以郑译领天官都府司会,总六府事,进上柱国。郑译所言,杨坚言无不从。郑译性轻险,疏于政务,而重敛财,杨坚暗与疏远,因其有定策之功,不忍废放。杨坚建立隋朝,是为隋文帝,对郑译赏赐丰厚,但未委以重任。后诏令郑译参与修订律令,参议乐事,更修七始之议,名曰《乐府声调》,凡8篇。文帝嘉美郑译曰:"律令则公定之,音乐则公正之。礼乐律令,公居其三,良足美也。"遂任郑译为岐州刺史。开皇十一年(591),郑译卒于任上,时年52岁,卒后文帝遣使吊祭,谥曰"达"。

郑善果(572—629),郑州荥泽人,祖上在北魏时为显族。其父郑诚,北周大将军、开封县公,讨尉迟迥时阵亡。时郑善果9岁,袭父爵。隋初,郑善果进封武德郡公,14岁时为沂州刺史,转鲁郡太守。其母崔氏,贤明晓政事,常坐堂后旁听郑善果理政,闻其剖断合理则悦,若断事有失公允,事后则责之。因此,郑善果在任上廉明且有政绩,官考为天下第一,再迁大理卿。后郑善果因功拜右光禄大夫。唐武德年间,郑善果累迁检校大理卿,拜刑部尚书,奉法直正,政声显公卿间。贞观初,郑善果为岐州刺史,复拜江州刺史。贞观三年(629)卒。

郑馀庆(746—820),字居业,郑州荥阳人。其曾祖郑曾、祖郑长裕皆官至州刺

郑善果

史,父郑慈明为太子舍人,"三世皆宦"。郑馀庆早年博学善属文,后中进士,历任库部郎中、翰林学士、工部侍郎等职。唐德宗贞元十四年(798),拜中书侍郎、同中书门下平章事(俗称宰相)。贞元十六年(800),郑馀庆因忤旨被罢相,

开郑始祖郑桓公

郑馀庆

贬为彬州司马。顺宗时,他被召回朝任尚书左丞,宪宗继位后复拜同中书门下平章事。时主书滑涣与宦人刘光琦相依为奸,举朝官员逢迎,唯郑馀庆独立不屈,与之相抗。郑馀庆于元和元年(806)被再度罢相,被贬为太子宾客,后又任国子祭酒、吏部尚书、凤翔尹、太子少师,封荥阳郡公。穆宗登基后,郑馀庆加检校司徒。元和十五年(820)卒,时年75岁,赠太保,谥曰"贞"。郑馀庆历官四朝,清廉正直,勤于政事,"公论浩然归重",是一位德高望重的贤相。他任宰相时,其从父郑絪也同时为相,因居舍一人在南,一人在北,时人称郑馀庆为"北郑相",郑絪为"南郑相"。其子郑澣在文宗朝任翰林侍讲学士、尚书左丞、户部尚书;其孙郑从谠,在懿宗朝任吏部侍郎、河东节度使,僖宗朝任刑部尚书、同中书门下平章事,皆朝廷名臣。

郑畋(825—883),字台文,少举进士,任宣武推官。唐宣宗时,郑畋先后为刑部员外郎、户部郎中,入翰林学士,知制诰。唐僖宗乾符元年(874),他以兵部侍郎进同中书门下平章事。乾符六年(879),郑畋因与卢携在朝堂发生口舌之争,被罢为太子宾客,后复拜吏部尚书。第二年,郑畋为凤翔陇西节度使,募500名锐兵,号"疾雷将"。时黄巢军攻陷京师长安,僖宗出走。郑畋遣兵赴长安拒黄巢军西进,并在斜谷谒见出逃避难的唐僖宗,泣曰:"将相误国,臣请死以惩无状。"僖宗曰:"公谨扼贼冲,无令得向西。"郑畋受帝命,与黄巢作战有功,拜司空、门下侍郎、平章事,运筹帷幄,总揽军务,终以复国。后郑畋受李昌等人攻击,以疾为由,入见僖宗,乞求去职。僖宗鉴其诚,乃授检校司徒、太子太保,免其政事。中和三年(883),郑畋卒于龙州,时年63岁,赠太尉。后僖宗思郑畋忠力,又赠太傅,谥"文昭"。

郑畋

第五章　中华郑氏

郑谷

郑谷（约851—910），字守愚，唐袁州（今江西省宜春市）人，幼颖异，7岁能作诗。光启三年（887），郑谷举进士，司空见而奇之，抚其背曰："当为一代风骚主。"诗僧斋已将自撰《早梅诗》送郑谷求教，郑谷将诗中的"数枝开"改为"一枝开"，斋已遂拜郑谷为"一字师"。乾宁中，郑谷随唐昭宗流亡华州，留有诗篇，官至都官郎中，人称"郑都官"。后郑谷退居仰山东庄，卒。郑谷为晚唐著名诗人，与张乔、许棠等号称"十哲"，以鹧鸪诗得名，人又称"郑鹧鸪"，有《云台编》《宜阳集》传世。

郑侠（1041—1119），字介夫，北宋福清（今福建省福清市）人。英宗治平四年（1067），郑侠登进士第，调光州司法参军，任满入都，监安上门。时王安石变法，欲揽郑侠为检讨，但为郑侠所拒。熙宁六年（1073），久旱不雨，东北流民塞道，羸瘠愁苦，身无完衣。郑侠绘《流民图》，冒死以进，并上疏曰："去年大蝗，秋冬亢旱，麦苗焦枯，五种不入，群情惧死；方春斩伐，竭泽而渔，草木鱼鳖，亦莫生遂。灾患之来，莫之或御。愿陛下开仓廪，赈贫乏，取有司掊克不道之政，一切罢去。"神宗反复观《流民图》，长叹数次，是夕，寝不能寐。翌日，神宗下诏悉罢青苗新法，民间欢呼相
郑侠

贺。郑侠后又上疏论新法之弊，新政人物吕惠卿议之欲置死罪。神宗曰："侠所言非为身也，忠诚亦可念，岂宜深罪。"其后徙英州为官，民众无论贫富贵贱，皆对其爱戴敬重。徽宗时，郑侠官为蔡京所夺，自此归隐田里，布衣粝食，自号"一拂居士"。卒后，里人不忘郑侠德行，将其居住的闾巷称为"郑公坊"。

郑樵（1103—1162），南宋史学家，字渔仲，兴化军莆田（今福建省莆田市）人。郑樵居夹漈山上，不应科举，谢绝人事，刻苦力学30年，访书10年，对经旨、

开郑始祖郑桓公

礼乐、文字、天文、地理、草木、鱼虫、方书之学皆有论辩。他在史学上推崇司马迁、刘知机,生平著作丰富,著有《氏族志》《动植志》等80余种,晚年编撰《通志》,网罗各代历史,合为一书,其中的20略,颇具创见。惜其所著多已亡佚,存者除《通志》外,仅有《尔雅注》《夹漈通稿》。郑樵曾任枢密院编修官。学者称其"夹漈先生"。

郑清之(1176—1251),字德源,初名燮,字文叔,别号安晚,南宋庆元道鄞县(今浙江省宁波市)人。嘉泰二年(1202),郑清之入太学,后登进士第,曾和丞相史弥远定策立理宗。理宗朝,其官至左、右丞相兼枢密使,封卫国公、越国公。郑清之后因年事已高,多次上疏请求致仕,皆不许。淳祐十一年(1251)十一月,郑清之退朝受风寒病重后,拜太傅,进封齐国公致仕。不日即卒,时年77岁。理宗闻之震悼,辍朝三日,特赠尚书令,追封魏郡王,谥"忠定"。郑清之为官清正廉明,一生四登相位,曾向理宗献《十龟元吉箴》,提出"一持敬,二典学,三崇俭,四力行,五能定,六明善,七谨微,八察言,九惜时,十务实"的谏言。《宋史》对其辅政业绩多有美誉。

郑樵

郑清之

郑光祖

郑光祖,元戏曲家,字德辉,襄陵人。郑光祖为人方正,以儒补杭州路吏,后卒于杭州,葬于西湖灵芝寺。郑光祖所作杂剧今知有18种,现存《倩女离魂》《㑇梅香》《王粲登

第五章 中华郑氏

楼》《周公摄政》《三战吕布》五种，《月夜闻筝》仅存曲词残篇。郑光祖与马致远、关汉卿、白朴并称元曲四大家。

郑和（1371—1433），本姓马，小字三保，回族，云南昆阳人。其祖与父都到过伊斯兰教圣地麦加，幼时就对外国国情有所了解。明初，郑和入宫做宦官，从燕王起兵"靖难"有功，赐姓郑，任内官监太监，时称"三保太监"。永乐三年（1405），郑和率舰队通使"西洋"，2年而返，后又屡次航海。28年间，郑和7次（一说8次）出海，到达30余个国家，最远曾达非洲东海岸和红海口，促进了中国和其他各国的经济、文化交流。第6次航海回国后，郑和任守备南京太监。最后一次航行时，郑和已60岁，回国不久后病亡。

郑和

郑成功（1624—1662），初名森，字大木，福建南安人，郑芝龙子。南明弘光时监生，隆武帝赐姓朱，易名成功，号"国姓爷"。永历帝时，郑成功被封为延平郡王。隆武二年（1646），郑成功反对其父降清，曾在南澳（今属广东省）起兵，从事抗清活动，后以金门、厦门为根据地，连年出击粤、浙等地。永历十三年（1659），郑成功与张煌言合兵，进入长江围攻南京，因误中清总督郎廷佐诈降之计，在南京城外战败，被迫撤退。时台湾被荷兰殖民者所侵占，台湾人民不断起义反抗。永历十五年（1661），他率领将士数万人，自厦门出发，经澎湖，于台湾禾寮港（今台湾省台南市境内）登陆，围攻荷兰总督所在地赤崁城，击溃荷兰人从巴达维亚派来的援兵。经过8个月的作战，

郑成功

至康熙元年（1662）二月一日，荷兰总督揆一投降，台湾重回祖国怀抱。他在台湾建立行政机构，制定法律，定职官，兴学校，推行屯田，促进了台湾社会经济的发

开郑始祖郑桓公

展,是收复台湾的民族英雄。光绪初,清廷在台湾为其建祠。

郑板桥(1693—1765),原名燮,字克柔,号板桥,江苏兴化人。郑板桥为乾隆年间进士,曾任山东范县、潍县知县,为官清正,关心民众疾苦,有惠政。郑板桥为人疏宕洒脱,擅长画兰竹,书法以隶楷行三体相参,别成一格,为清代"扬州八怪"之一。其后弃官鬻画,定居扬州。

郑信(1734—1782),泰国历史上著名的民族英雄,生于泰国阿瑜陀耶城。其父郑镛为今广东省汕头市澄海区上华镇华富村人,清雍正年间南渡暹罗,居阿瑜陀耶城,娶暹罗女洛央为妻,生郑信。郑信长大后从政,官居甘碧府府尹,封爵披耶,暹罗人称其披耶达信。1763年,缅甸军入侵暹罗,郑信以东南沿海为基地,组织军队抗击缅军,收复大城,建立吞武里王朝,被拥立为王,称达信王、达信大帝。郑信陆续消灭了各地割据势力,于1770年统一了暹罗全国,建立了泰国历史上幅员最广阔的王朝。1782年4月7日,在一次宫廷政变中,郑信被害。为纪念郑信,泰国很多地方为其建有塑像或纪念性建筑物,泰国政府规定每

郑板桥

郑信

郑王庙

138

第五章 中华郑氏

年12月28日为郑王节。

郑义兴（1895—1978），四川古蔺县人，"国酒大师"。民国二年（1913），郑义兴入贵州省仁怀县茅台镇成义烧房当学徒，后相继在"成义""荣和""恒兴"酿酒烧房及遵义坑集酒房任酒师。1953年，地方政府通过赎买接收"成义""荣和""恒兴"三家烧房，并以此为基础组建地方国营茅台酒厂（今贵州茅台酒股份有限公司前身），郑义兴随之进入该厂，从事茅台酒的酿造技术工作。1956年，全国八大名酒会议在北京召开后，郑义兴坚持恢复和发展茅台酒的传统酿造技术，使茅台酒的品质有了大幅度提升。1958年，茅台酒的合格率由1956年的12.19%

郑义兴

上升到99.42%。郑义兴因特殊贡献被任命为茅台酒厂副厂长，负责全厂的技术工作，并被选为第二届和第三届全国人民代表大会代表，受到毛泽东、周恩来等党和国家领导人的接见。他将自己30余年的酿造经验和郑家五代相传的酿酒技术进行总结、融合和优化，整理成标准化的操作规范和酿造流程，并无私奉献给茅台酒厂，使茅台酒成为一代国酒，名扬天下，其贡献为业界所公认。郑义兴去世后，茅台酒厂在国酒文化城为其塑像，尊其为"国酒大师"。在郑义兴的影响下，茅台镇郑氏宗亲郑国祥等一批酒师脱颖而出，他们传承郑义兴、郑银全酿酒工艺，利用当地资源和技术优势，创业发展，振兴郑氏酒业，使其成为茅台镇酒业的一支重要力量。

开郑始祖郑桓公

深谋远虑的政治家郑桓公

闫广勤

郑桓公是华县历史名人，是周王朝时的大臣、诸侯国郑国的开国国君，是天下郑氏的始祖。但很少有人知道，他不是一般的大臣和国君，而是一个深谋远虑的政治家。这主要表现三个方面：

首先，郑国东迁是郑桓公审时度势、高瞻远瞩的政治抉择。周宣王二十二年(前806)，郑桓公被分封于郑，建立了郑国，"封三十三岁，百姓皆便爱之"(《史记·郑世家》)。但在担任周幽王的司徒以后，他却做出了将郑国东迁到今河南洛阳以东地区的决定。

郑国东迁的原因是周幽王沉湎酒色，不理国事，在位期间各种社会矛盾急剧尖锐化，政局不稳，自然灾害严重——泾、渭、洛"三川皆震"。周幽王为政贪婪腐败，重用"为人佞巧，善谀好利"的虢石父主持朝政，加重了对人民的剥削程度，引起国人怨愤。各诸侯国离心离德，犬戎不断侵入镐京所在的关中，周王朝内外交困，风雨飘摇。周幽王无药可救，郑桓公只好拯救郑国，遂问计于太史伯(又称史伯)。太史伯劝郑桓公将郑国迁到洛邑（今河南省洛阳市）以东，黄河、济河之南的河洛地区。关于这一地区，《史记·郑世家》记载：郑桓公任司徒以后，曾"和集周民"，因而"周民皆说，河洛之间，人便思之"。郑桓公在这一带有比较坚实的民心基础，故郑桓公听从史伯的建议，在请示了周幽王以后，在商人的协助下，将妻、子和财产寄存到洛邑以东的虢国和邻国之间，这为以后其子郑武公完成迁国大业做了铺垫。郑桓公去世后，其子郑武公继承父志，在完成郑国东迁的同时，还辅助周平王东迁，定都洛阳，历史进入东周时期。据此推测，郑桓公在征求史伯意见之前，就为郑国、周朝的长远大计有所谋划，在去世前，他应向儿子郑武公有所交代。这就是一个政治家的高明之处。

其次，郑桓公是一个有一定哲学思维的政治家。他在征求史伯意见时，二人讨论了"和"与"同"的哲学问题，这是中国哲学史上最早出现的关于这一问题的探讨。中国传统文化主张"和"的思想，从史伯起绵延不绝。史伯说："和实生物，同则不继。"即"和"是不同事物或不同因素的结合，是差异性的统一。"同"是完全等同的事物或等同因素的重合，是排斥差异性的直接"同一"。史伯主张以和治

国，反对强求"同一"。其实，郑桓公任司徒时，"和集周民"的做法就体现了其以"和"为核心的治国、治民理念。"和而不同"，是中国传统文化的精华之一，郑桓公是实践这一思想的第一人。

再次，郑桓公执政期间着力于提高商人地位，促进商业发展。西周实行"工商食官"政策，即将商人集中起来，设官统一管理，为他们提供衣食，驱使他们为政府服务。商业被掌握在官府的手中，商品交换只能在官府允许的范围内进行有限度地发展。周王室和各地诸侯等贵族奴隶主以官府的名义直接控制着商人，商人不属于私人奴隶主，比一般奴隶要自由一些，但社会地位不高，仍属平民阶层。西周后期开始出现一些不属于官府的私人商业，这些私人商业开始形成一种社会力量，但仍很弱小，并且继续受到奴隶主王室和权贵们的歧视与压制，商人与商业始终处于卑微的地位。但郑桓公提高了商人的地位，他与郑国的商人盟誓："尔无我叛，我无强贾，毋或丐夺。尔有利市宝贿，我勿与知。"也就是说，郑桓公给商人提供了良好的商业环境，不强买或夺取商人的货物，不干涉商人的经营。商人有值钱的宝物，他也不过问。这样，商人的地位自然得到提高，商人的利益也得到了保护，商业得以自由发展。在这一点上，桓公走在时代的前面。

东迁以后的郑国，在春秋早期，曾是一个强盛的诸侯国，而奠定其基础的，就是深谋远虑的政治家郑桓公。

开郑始祖郑桓公

郑桓公陵园碑记

闫 涛

桓公名友,其族姬姓,考其生卒,享年当逾56岁,为西周王朝周厉王少子。宣王二十二年(前806),公受封于郑,遂建郑国,都棫林(后改称咸林,今陕西省渭南市华州区之毕家、下庙毗邻处),后迁至拾(今毕家拾村)。其治国有方,深得郑人拥戴。周幽王八年(前774),居王室司徒,忧君抚民,国人爱之,为赋《缁衣》。幽王宠褒,天下动荡,公于幽王九年(前773),将部族、资财迁寄于虢(今河南省荥阳市东北)、郐(今河南省新密市东北)间十邑之地,史称"桓公寄孥",遂为春秋初期武公东迁建国、庄公称雄东方,奠定基础。幽王十一年(前771),犬戎犯周,公报国勤王,殉难于骊山之野。武公以下,郑国又传22君,为韩所灭,共计431年。其遗族怀郑,以国为姓,天下郑氏有源。

公之陵第,当为高人所择。南承龙山脉瑞,北接渭川援给,东赖河岳庇佑,西系畿内族亲。泽被后世,流芳千秋。

凡往朝州间灾乱,必殃陵园。明嘉靖三十五年(1556)地震,华州"堵无尺竖",千古题书:"缁衣遗爱",毁于一旦。万历年间,直隶人郑国仕由甘肃升迁进京,途经华州,出资修缮,立牌坊"周宗忠贤"。明末又圮,清时修复。民国二十三年(1934),县长吴至恭,不忍墓地凄凉,着姬、段二姓(皆桓公后裔)修葺。之后,墓园日渐消衰,仅成孤坟。1957年,陕西省人民委员会列为省级重点文物保护,竟与厂房、宿舍杂处。1975年"文革"期间,孤坟又遭平毁,13年后,仅复冢而置一隅了之。

公元2008年始,千古不祧之祖郑桓公在天之灵当有所慰,盛世欣逢,乍遇贵人——海内外郑族世进(郑桓公陵园修缮管理委员会荣誉主席)、荣德(荣誉主席)、胜涛(主席)、庆模(首席执行主席)、为理(执行主席)等一批郑氏宗亲子孙,皆有识之士。其头年联络发起,次年成立机构,慷慨出巨资,联手建祖陵。特聘之办公室主任、河南固始人郑文焕先生远离家园,驻临现场,不舍昼夜,数年无悔。县内以郑先生全欣、光全等为代表的郑姓暨姬、段姓诸多热心者,亦尽力倾心。县人及县府深谙其重修意义,鼎尽地主之助,勠力而协作。

今观陵园胜状,衔近山,牵远水,川塬相拱,晴岚霭霭;陵冢、尊塑肃穆而详

附 录

静，广场、殿宇阔绰而绿隐，连廊、牌坊各衬一方；尽显瞻仰与旅游相合、周郑文化寓于其内之特点。如是，郑氏族有所寄，华县人有所仰，国增荣，民有安，此诚德、智之举也。

后人纪念郑桓公，归根结底，当古为今用，继承其报国爱民、廉洁勤政之精神。唯以是，回向一切有情。

开郑始祖郑桓公

世界郑氏华县宣言

坚持国史是凭,志乘为鉴,出土实证,征古察今,对郑国郑氏源流文化之源头几件大事,宣言如下:

一、世界郑氏子孙源于陕西华县(古郑国),郑桓公乃郑氏血脉鼻祖。郑氏著姓陈(今河南省淮阳县)宋(今河南省商丘市)间。郑鲁公乃郑氏得姓始祖。再往上溯,郑桓公乃周宣王之弟,周文王第十一世孙,姬周王室贵胄,轩辕黄帝裔胤。郑桓公第25世高祖后稷名弃,弃父帝喾,母有邰氏姜嫄为炎帝后裔,郑氏又是炎黄二帝之血脉传人。

二、世界郑氏根在华县,魏晋以降,荥阳为郑氏郡望和主要堂号。荥阳郡,包括河南省郑州市现在所辖之荥阳市、新密市、新郑市、开封市以及黄河北原阳县等广大地区,大致相当于新郑国疆域。

三、郑国始都陕西华县,东迁郑国初都河南新密古郑城,继都河南新郑。郑桓公在华县立国36年。郑武公灭郐虢,于周平王六年(前765)正式迁都新密。自平王元年(前770)至周惠王五年(前672,郑文公踕立),都城东迁至新郑,这段历史共98年;从"文公踕立","徙郑",到周烈王元年(前375)韩灭郑,新郑作为郑之国都,历时297年。郑国历14世24君,累计国祚431年。

四、郑桓公终葬华县西关街现陵址。三国《皇览》,明清以来《华州志》《华县志》均有记载。2 785年后的今天,墓还在,而且自1957年以来,一直为陕西省重点文物保护单位,这在华夏姓族史上,绝无仅有,堪为百家姓中始祖墓第一。二世祖郑武公墓在新郑市西郊。清乾隆四十一年(1776)《新郑县志》卷十一《祀祠志·附陵墓》记载"郑武公墓在县西十里杜家村北,土人呼蜈蚣冢"。现新郑市人民政府为之旧址复冢,立有墓碑"郑武公之墓",并为市级文物保护单位。三世祖郑庄公墓在与新郑市毗邻之新密市曲梁乡大樊庄村,现为郑州市重点文物保护单位。

五、郑氏文化是中华传统文化的重要组成部分。一直以来,儒家思想中的忠孝节义、仁礼智信,郑氏文化予以传承,且不乏闪光点。"忠孝仁勇""修身齐家治国平天下",郑氏文化予以继承与发扬,与当今所提倡践行社会主义核心价值观的目标一致,并行不悖。

六、有家才有族，有族才有国。在人类历史发展进程中，中华文明之源远流长与诸多家庭、家族之根深叶茂和生生不息有着极为密切的关联，研究探讨传承郑文化，旨在强化寻根意识，激发家族亲情，共建精神家园，从而崇祖报国，为家族繁荣、祖国昌盛和实现中华民族伟大复兴中国梦，做出更大贡献！

愿世界郑氏共铭共勉之！

中国·华县郑桓公陵园修缮管理委员会
2014年10月26日

全国各省市自治区郑姓人口状况（2013年）

（《中华郑氏总谱》编委会依据专业机构有关资料整理发布，其知识产权归《中华郑氏总谱》编委会所有，请在转发和使用时注明）

1. 广东　1 542 370	13. 黑龙江　290 697	25. 北京　99 092
2. 浙江　1 029 423	14. 湖北　584 689	26. 上海　89 741
3. 福建　1 195 242	15. 重庆　264 707	27. 天津　75 753
4. 河南　815 149	16. 陕西　250 791	28. 新疆　53 773
5. 四川　751 296	17. 贵州　259 054	29. 宁夏　22 813
6. 山东　700 056	18. 山西　199 805	30. 青海　17 266
7. 河北　521 496	19. 云南　208 060	31. 西藏　1 595
8. 安徽　516 159	20. 广西　237 941	32. 台湾　431 604
9. 江西　4 035 721	21. 吉林　227 164	33. 香港　134 076
10. 江苏　352 978	22. 甘肃　128 993	34. 澳门　12 789
11. 湖南　376 768	23. 海南　132 978	
12. 辽宁　323 673	24. 内蒙古　130 928	总计: 12 388 084

《中华郑氏总谱》编委会
2016年7月26日

参 考 文 献

［1］国语［M］.济南：齐鲁书社，2005.

［2］诗经［M］.北京：中国文史出版社，2003.

［3］史记［M］.沈阳：辽海出版社，2016.

［4］张光孝.华州志［M］.民国四年本.

［5］臧励和.中国人名大辞典［M］.北京：商务印书馆，1998.

［6］郭沫若.中国古代社会研究［M］.北京：商务印书馆，2011.

［7］范文澜.中国通史简编［M］.上海：华东师范大学出版社，2014.

［8］吕思勉.中国通史［M］.上海：上海古籍出版社，2009.

［9］尚钺.中国历史纲要［M］.北京：人民出版社，1980.

［10］李学勤.李学勤说先秦［M］.上海：上海科学技术文献出版社，2011.

［11］李学勤.李学勤讲演录［M］.长春：长春出版社，2012.

［12］刘泽华等.中国古代史［M］.北京：人民出版社，1979.

［13］闫涛，闫广勤.华县志［M］.西安：陕西人民出版社，1992.

［14］杨东晨.王朝兴亡·周兴亡史［M］.西安：陕西人民出版社，2015.

［15］何志虎，惠瑛，王岁孝.西周的历史与文化［M］.西安：陕西人民出版社，2013.

［16］闫广勤，袁埔良.华州史话［M］.西安：西北大学出版社，2012.

［17］张广志.西周史与西周文明［M］.上海：上海科学技术文献出版社，2007.

［18］王宇信.中国历史大讲堂·西周史话［M］.北京：中国国际广播出版社，2007.

［19］郑自修.郑氏族系大典［M］.郑州：中州古籍出版社，2004.

［20］周显才.荥阳郑氏［M］.郑州：中州古籍出版社，1990.

［21］张捷夫.丧葬史话［M］.北京：社会科学文献出版社，2011.

［22］赵芳.中国古代丧葬［M］.北京：中国商业出版社，2015.

［23］赵凡禹，孙豆豆.中华姓氏大典［M］.北京：新世界出版社，2011.

后 记

  2017年9月，承中国·华县郑桓公陵园修缮管理委员会的约请，笔者与刘亦农、蒋文正、张龙生等诸位先生合作，共同编撰《开郑始祖郑桓公》一书。该书以西周晚期的重要政治历史人物郑桓公为核心，内容涵盖其人生平史事、思想文化以及与之相关的诸侯国郑国、中华郑氏等方面。全书分五章，由四人分别执笔编写。其中，笔者编写第一章郑桓公生平事略、第四章郑国东迁和古郑国的演变发展，刘亦农编写第二章郑桓公思想文化及历史影响，蒋文正编写第三章郑桓公墓及陵园，张龙生编写第五章中华郑氏。最后由笔者统纂、加工和修改，统一文体和语体。

  郑桓公是距今2 000多年前西周晚期诸侯国郑国的开国国君、西周王室司徒，因治国理政有方，深受民众爱戴，有较高的政治声誉，《史记》等历史文献皆有记载。但由于受历史条件的局限，他的生平史事和功德业绩留传至后世并不多，至今尚无一部有关郑桓公其人的专著，致使社会大众对郑桓公的认知或模糊不清，或概念化，进而影响到对西周晚期特别是宣幽朝政治及历史的全面认识。这不能不说是史学领域的一个缺憾。有鉴于此，笔者认为有必要以文献史料为基础，参考有关专家学者的研究成果，编撰一部全面客观反映郑桓公其人的大众化读物，还读者一个相对完整、真实、鲜活的郑桓公历史形象，为广大读者包括海内外1 000多万郑氏宗亲传播西周晚期历史知识，以史为鉴，面向未来，弃恶扬善，共建和谐文明社会，弘扬社会正能量。这就是我们欣然应约，参加编撰该书的初心与目的。

  对我们来说，编撰该书是充满艰辛和挑战的。研究周代历史的学者大都认为，西周史与东周史有明显的不同。西周时期，周王室王权强势，诸侯国处于被动地位，西周历史的重点在周王而不在诸侯；东周反之，王室衰落，诸侯崛起，东周历史研究的重点转移，反映诸侯史事较多而王室偏少。郑桓公在郑国执政33年，任王室司徒3年余，与当时政治舞台上的大国诸侯等重要政治人物相比，其影响似乎还略逊一筹。大概如此，历史典籍对他的着墨有限，有关他的史事留传后世的不多。"巧妇难为无米之炊"，基础资料的短缺就成为编撰工作的最大障碍，况且我们还不是所谓的"巧妇"。面对压力，我们通过多种途径，突击搜集、整理、研习有关历史文献及专家学者的学术著作，详细了解西周晚期的历史背景及郑桓公的生平业绩，准确把握其人的个性特质、政治地位和历史贡献，从而理顺思路，明确该书的主题思想、体例、框架、内容安排等重要问题，为完成编撰奠定基础。后历经两轮

后 记

寒暑，四易其稿，终成一书。在该书即将与读者见面之时，有必要将编撰中一些涉及全局性的问题做以说明，或可帮助读者阅读。

关于郑桓公的历史评价问题。据我们所涉猎的资料，对郑桓公生平史实的记载和评价，主要散见于《史记》《国语》《竹书纪年》等史籍以及"五经"之一的《诗经》中。《史记·郑世家》载："宣王立二十二年，友初封于郑。封三十三岁，百姓皆便爱之。""幽王以为司徒，和集周民，周民皆说。河洛之间，人便思之。"这大概是说郑桓公在郑国执政33年中，广施惠政，治国有方，深受郑民爱戴；在之后任王室司徒的3年间，他以"和"的哲学思维，处理内政民事，协调社会矛盾，深得人心，王畿之内的周民都很高兴，特别是东都洛邑一带的东土之人，对郑桓公多有思念之情。《国语·郑语》也说："桓公为司徒，甚得周众与东土之人。"在同一文献中还记载了太史伯与郑桓公关于寄孥虢郐的一次对话。太史伯对郑桓公说："今公为司徒，民皆爱公。公诚请居之……虢郐之民皆公之民也。"太史伯是幽王朝的史官，他的话外之意与《史记》的观点是一致的，都说郑桓公执政为民，受民众拥戴。《诗经》一书虽不是历史文献，但收录的诗篇皆为周代人所作，内容涉及周代许多历史事实，可信度较高。其中，有《郑风·缁衣》一诗，后世许多学者认为该诗是赞美郑桓公、郑武公父子在任司徒时，尚贤重才，忠于其职，关心贤士的生活冷暖，竭尽心力为国选士的诗篇。宋代理学大师朱熹在《诗集传》中就说："郑桓公、武公相继为周司徒，善于其职，周人爱之，故作是诗。"《缁衣》一诗主旨，被后世文人凝练成"缁衣遗爱"一语，成为赞美郑桓公的经典用语，留传至今。其他文献对郑桓公的评价也有一些，但多是在《史记》评价基础上的引用和发挥。总之，历史对郑桓公的评价是很高的，也是一致的。我们依据历史文献记载他治理郑国，与商盟誓，"和集周民"，寄孥虢郐，忠周保民等史实，把他定位为具有远见卓识和政治才能的西周晚期政治家，且对郑国和西周王畿的经济发展、社会稳定做出了重要贡献。这就成为《开郑始祖郑桓公》一书的基调和主线。

关于该书的体例问题。编撰初始，我们曾试图将该书体例定为人物传记，但之后发现可用的基础资料严重短缺，郑桓公其人的史事过于零散简略，无法支持人物传记的编写，只好将该书体例改为类似资料性的书籍，整体内容以郑桓公生平史事、思想文化为核心，并向与郑桓公有关联的古郑国、新郑国、中华郑氏、郑桓公陵园建设等方面扩展，也就是现在这个版本。同时，在内容安排上，我们有意识地加大了周代政治、经济、社会等历史背景的记述，旨在将郑桓公置于更大的时空范围内，以体现其人的时代价值和历史影响，并通过增大信息量，以方便读者阅读和联想，亦可弥补基础资料薄弱的短板。当然，这种设计安排，有利有弊，我们只好利弊相权取其利，也算是不得已而为之。

开郑始祖郑桓公

  关于编撰工作秉持的原则。该书不属人物传记，也非学术专著，更不是实用主义的宣传图书，它记述的是历史人物、历史事实，内容涉及诸多史学问题，其史学性、学术性是显而易见的。在编撰过程中，我们始终秉持历史唯物主义观点和求实严谨的治学态度，尽力做到科学论证，公正评价，客观记述，不溢美，不诿过，不主观臆断，不杜撰戏说，不"以今论史"苛求古人。本书一般都选择可信度较高的历史文献进行参考，引用材料皆有出处。对同一史实不同史料存在观点不一致的，本书一般采用史学界的主流观点，也不做过多阐释。对于不宜回避且史书无载的问题，即运用史学界常用的推理方法予以推断，且在推理的基础和依据真实可靠、推理的方法符合逻辑的情况下推论。如郑桓公的生年问题，史籍无载，但在记述历史人物中，却是一个不可忽视的基本要素。我们就根据史学专家杨东晨《周兴亡史》一书所说："国人暴动时，桓公友不在镐京"，"厉王庶子安然无恙，亦可知是由大臣保护的"，以及周王室严格的宗法制度，推断郑桓公的生年最晚应在"国人暴动"发生的公元前841年。当然，这只是推断一个大概的时间，并不准确，但也算是给读者一个负责任的交代，比回避不谈要好一些。我们就是这样坚持向历史负责、向读者负责的态度，以历史文献为基础，参考专家学者的学术成果，深度挖掘历史信息，求实严谨，科学论证，解决了一些与郑桓公相关的历史疑难问题，增强了该书的可信度与可读性。

  郑桓公是西周晚期历史上一个绕不开的人物。笔者有幸参加《开郑始祖郑桓公》一书的编撰工作，为全面客观记述和宣介西周晚期政治家郑桓公做一些有意义的探究和试笔，深感欣慰。但由于受种种主客观条件的限制，特别是笔者对周代历史研习不够，学识有限，该书的框架设计、内容安排、史料运用及形成的观点等，有许多不尽如人意之处，疏漏、缺陷乃至错误都在所难免。我们诚请专家学者不吝赐教，并希冀广大读者提出意见，更期盼有新的文献资料出现，以修正该书观点，补充其内容，使郑桓公形象更接近历史真实。

  本书在编撰出版过程中，曾得到诸多方面人士的帮助。来自陕西、河南、广东等省及北京市的知名作家、文史学者张书省、魏宪文、刘高潮、郑焕明、郑文焕、郑瑞琪、郑耀宗等先生，对该书的讨论稿提出了许多宝贵意见；西北大学出版社李华女士出任该书责任编辑，为该书定稿进行最后把关；香港扬徽实业有限公司、深圳市澳多健食品有限公司董事长郑伟新先生慷慨捐资，襄助该书出版印刷；等等。在此，我们对所有为本书提供帮助的人士一并表示诚挚的感谢！

赵建文

2019年9月于华州

图书在版编目（CIP）数据

开郑始祖郑桓公 / 赵建文，郑全欣主编. —— 西安：西北大学出版社，2019.10
 ISBN 978-7-5604-4440-6

Ⅰ.①开… Ⅱ.①赵… ②郑… Ⅲ.①郑桓公（？-前771）—人物研究 Ⅳ.①K827＝25

中国版本图书馆CIP数据核字（2019）第224450号

开郑始祖郑桓公

主　　编	赵建文　郑全欣
出版发行	西北大学出版社
地　　址	西安市太白北路229号
邮　　编	710069
电　　话	029-88302590
经　　销	全国新华书店
印　　刷	陕西龙山海天艺术印务有限公司
开　　本	787毫米×1092毫米　1/16
印　　张	10.5
字　　数	197千字
版　　次	2019年10月第1版　2019年10月第1次印刷
书　　号	ISBN 978-7-5604-4440-6
定　　价	86.00元

如有印装质量问题，请与本社联系调换，电话029-88302966。

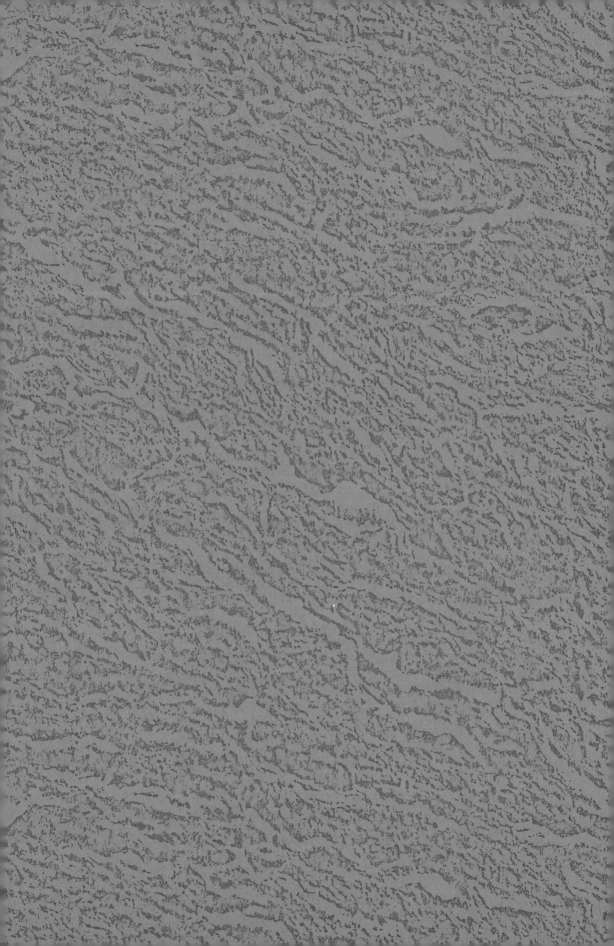